CHANT

ÉTUDES PRATIQUES

DE STYLE

LEÇON SUR UN AIR DU *FREYSCHUTZ*

PAR

M. STÉPHEN DE LA MADELAINE

Auteur des *Théories complètes du Chant*, Rédacteur en chef de
l'Univers musical.

OUVRAGE APPROUVÉ PAR L'INSTITUT DE FRANCE

PRIX : DEUX FRANCS

PARIS
LIBRAIRIE NOUVELLE
Boulevard des Italiens, 15

1861

ÉTUDES PRATIQUES DE STYLE

OUVRAGES DE M. STÉPHEN DE LA MADELAINE

EN VENTE A LA MÊME LIBRAIRIE

Le Secret d'une Renommée, 1 vol. in-18............................ 1 fr.

Un Cas Pendable, 1 vol. in-18..................................... 2 fr.

Paris. — Imp. A. Bourdilliat, 15, rue Bréda.

CHANT

ÉTUDES PRATIQUES

DE STYLE

LEÇON SUR UN AIR DU *FREYSCHUTZ*

PAR

M. STÉPHEN DE LA MADELAINE

Auteur des *Théories complètes du Chant,* Rédacteur en chef de
l'Univers musical.

OUVRAGE APPROUVÉ PAR L'INSTITUT DE FRANCE

PARIS

LIBRAIRIE NOUVELLE

Boulevard des Italiens, 15

1861

INTRODUCTION

Le travail que je présente aujourd'hui à mes lecteurs est extrait d'un ouvrage que je vais publier, comme appendice et conséquence de mes *Théories complètes du chant*.

Cet extrait formant l'application de ma doctrine sur le style pathétique (qu'il ne faut pas confondre avec le style tragique, et encore moins avec le style dramatique, bien qu'il participe de tous deux), je crois devoir entrer préalablement dans quelques détails qui mettront le lecteur au courant de mes idées sur ce point, et qui amèneront naturellement mon étude analytique sur l'air du *Freyschütz*.

Le style pathétique est celui qui offre le plus vaste champ aux inspirations et aux savantes combinaisons du génie. Lorsque, par surcroît de bonheur, le morceau qu'il s'agit d'étudier est du genre romantique, le maître, alors, peut donner carrière à son imagination et produire une création dont la richesse offrira tout de suite à l'élève une imposante idée du pouvoir de l'exécution musicale et des transformations infinies qui, d'un air assez simple en apparence, peuvent faire un morceau grandiose et sublime. Souvent de grands artistes, en faisant entendre sur la scène des fragments depuis longtemps jugés et classés, leur donnent un tel degré de supériorité, que le public les reconnaît à peine et convient qu'il les avait mal compris. C'est ainsi que des partitions tout entières, celle de *la Fille du Régiment*, par exemple, après avoir été reçues par le public parisien, le plus subtil et le plus équitable des publics, comme une œuvre agréable, mais sans importance artistique, ont été récemment promues au rang des chefs-d'œuvre. Le motif d'une semblable réformation dans le jugement d'une masse instruite et intelligente s'explique de lui-même par la médiocrité bourgeoise de l'exécution que cet ouvrage recevait à l'Opéra-Comique, et par la grâce toute pimpante, par le *brio* délicieux que d'inimitables virtuoses (mesdames Jenny Lynd, Alboni et Sontag) ont répandu sur le rôle, dont elles ont fait une création toute différente de la première.

J'achèverai de développer cette idée en prenant un autre exemple dans les mécomptes ordinaires aux auteurs. Ces messieurs, se défiant avec juste raison de la nullité de leurs moyens personnels d'exécution, confient leurs œuvres à des artistes médiocres, pour en donner seulement ce qu'ils appellent une idée, dans une audition préparatoire. C'est cependant là que, souvent, se décide l'avenir d'une œuvre musicale soumise au jugement sans appel d'un *impresario* qui ne sait pas la musique; car on dirait que cette ignorance est une des conditions indispensables de l'emploi.

Or, la médiocrité de l'artiste n'empêche pas cette audition d'être complète dans son genre; mais elle communique à l'œuvre son misérable cachet; le juge en perçoit les qualités constitutives à travers le prisme qui le lui présente; il condamne ce qu'il a mal entendu et mal compris.

Lorsque l'auteur lui-même exécute sa production avec cette voix enrouée et presque éteinte qui caractérise «une voix de compositeur, » il écorche sa musique de manière à faire grincer les dents. Mais si cet indigent organe par vient à faire distinguer la contexture de la mélodie, son auditoire en rêve les effets; il prend tout de suite une idée assez nette de ce qu'elle pourrait devenir avec une exécution convenable ou tout à fait supérieure, et quelquefois même l'imagination va au delà de la réalité.

C'est dans une audition de ce genre que la voix tremblotante de Weber m'a révélé toute la poésie de son air du *Freyschütz*, que madame Schultz exécutait alors à l'Odéon avec un talent honorable sans doute, mais insuffisant au point de vue poétique. J'avais souvent entendu ce beau morceau, et je l'appréciais sous le rapport de la mélodie, mais je n'étais alors qu'aux portes du sanctuaire. En écoutant le susurrement de l'illustre compositeur, qui soupirait avec une sorte de piaulement passionné les inspirations de son divin génie, je devinai la profondeur inouïe de ses intentions.

Ce fut un trait de lumière qui éclaira tout à coup mes facultés créatrices. Je n'entrevis Weber que pendant un moment, et depuis, il ne me fut plus donné de le revoir, car la mort l'attendait à Londres, où il allait remplir les fonctions de chef d'orchestre du théâtre du Roi. Mais la pensée de ce que j'avais entendu ne me quitta plus.

A cette époque, je ne songeais guère à donner des leçons de chant, dont je fais aujourd'hui moins un métier qu'une source inépuisable d'émotions et de bonheur; ma voix de basse, d'ailleurs, ne se prêtait pas à l'exécution d'un morceau de *mezzo soprano*; mais je n'eus point de cesse que je n'eusse trouvé les moyens de réaliser les rêves mélodieux que le souvenir de Weber amassait dans ma juvénile imagination. Ce que je ne pouvais faire moi-même, je tentai de l'obtenir d'une autre organisation que la mienne. Quoique titulaire des deux fonctions les plus enviées dans le monde musical, j'étais trop jeune et trop timide pour oser proposer à l'une des célébrités féminines qui chantaient alors avec moi dans les concerts, les essais que je voulais risquer ; je m'adressai à une pauvre élève du Conservatoire qui partageait avec moi les leçons de Plantade, et dont l'inexpérience était bien faite pour m'encourager.

C'est en m'efforçant d'obtenir de cette voix inégale et mal posée, mais fraîche et puissante, les effets dont ma pensée débordait, que je compris peu à peu tout le parti qu'on peut tirer de la nuance, tout le secours que la poésie peut prêter au chant, toute l'expression passionnée, joyeuse ou navrante qu'on peut trouver dans une simple fioriture. Aussi, lorsque Rossini, quelques mois après, accomplissait sa révolution radicale dans les formes de la mélodie et de l'accompagnement, l'opposition que lui firent les classiques, qui décriaient, sans les comprendre, ce qu'ils appelaient « les gargouillades italiennes, » me mit pour la première fois la plume à la main. J'essayai de les convaincre, dans mes articles du *Figaro* (1), que la fioriture de Rossini était une forme de style qui lui était particulière et qui n'excluait aucun des grands caractères de l'art. Je leur démontrai que les traits ou ornements dont la *Semiramide* était remplie, revêtaient une richesse d'expression qui donnait à cette pompeuse musique une couleur plus éminemment tragique, sombre et vigoureusement accusée qu'aucune poésie ne pouvait le faire au Théâtre-Français, avec le secours d'une déclamation savante.

Je consacre, dans mon livre, un chapitre ou pour mieux dire un traité spécial (*Esthétique et mécanisme des traits*) à ces idées fertiles en enseignements. — Je reprends l'air du *Freyschütz*.

L'étude que j'avais faite avec amour sur ce morceau, en creusant la pensée de Weber pour en faire sortir, dans le sens de mon métier d'exécutant, tous les moindres détails des intentions,

(1) J'ai soutenu, dans le premier *Figaro*, en 1827, une polémique musicale qui a failli renouveler la querelle de piccinistes et des gluckistes. Rossini disait que je faisais à son profit une guerre de *partisan*.

porta ses fruits. Malgré l'inexpérience du sujet que j'avais entre les mains, j'obtins à peu près tous mes effets, même ceux de l'expression, que je lui fis imiter avec un plein succès. Quelques mois après, la jeune fille se trouvant à Londres, où elle s'est fixée depuis, se présenta chez Weber et lui fit entendre son œuvre. Le grand artiste en fut ému jusqu'aux larmes, et il approuva mon travail en lui donnant des éloges qui m'ont encouragé dans le système d'études dont ma carrière vocale a été la manifestation.

ÉTUDES PRATIQUES DE STYLE

LEÇON SUR UN AIR DU FREYSCHUTZ

POUR MEZZO SOPRANO.

I.

J'ai toujours eu présents à l'esprit, dans mes travaux littéraires, ces vers de Boileau.

> « Ce que l'on conçoit bien s'exprime clairement,
> « Et les mots pour le dire arrivent aisément. »

Je crois qu'il est possible qu'un auteur, avec un peu d'adresse et beaucoup de soins, fasse comprendre à ses lecteurs l'intégralité de sa pensée, quelle qu'elle soit. Je suis convaincu qu'il peut la rendre complétement lucide, lors même qu'elle porterait sur la qualité d'un son, dont pourtant on ne peut pas plus donner l'idée exacte sans le faire entendre, qu'on ne peut établir dans un écrit la différence qui existe, pour un autre sens que l'ouïe, entre la saveur de deux mets, qui ne peut être convenablement appréciée que par le goût.

Je vais risquer ici un essai qui n'a jamais été tenté jusqu'aujourd'hui : donner la série des enseignements que comporte l'étude d'un air, comme si je parlais à un élève, et que cet élève fût déjà préparé aux études transcendantes du chant par les travaux du mécanisme vocal. Je suis certain qu'aucun détail de cette minutieuse élucubration ne sera perdu pour ceux de mes lecteurs qui voudront bien m'accorder une sérieuse attention. Je les engage à ne point trop s'effrayer d'avance de ce tour de force scolastique; s'il ne parvient pas à présenter à toutes les intelligences les mêmes avantages qu'une leçon orale, qui peut, à chaque instant, s'aider du secours de l'exemple pour faire arriver par l'oreille quelques-unes des inductions de la science, il atteindra, du moins, un résultat immanquable : c'est de donner, aux professeurs comme aux élèves, l'idée de tous les innombrables détails qui constituent une leçon de style.

Et, qu'on ne s'y trompe pas, la chose n'est point aussi difficile qu'elle le paraît au premier aspect. Les professeurs de piano qui montrent à chanter et qui n'ont point de voix, ou qui n'ont qu'une voix défectueuse, accomplissent tous les jours un travail bien autrement scabreux, puisqu'ils sont tout aussi radicalement privés que je le suis en ce moment du commode secours de l'exemple, et qu'ils ne pourraient même pas se servir de la moindre application personnelle sans être obligés d'ajouter, par mesure de précaution: « Faites ce que je vous dis, et non pas ce que je fais. »

D'ailleurs, moi-même, qui suis un professeur de chant muni d'un *basso cantabile* passablement assoupli; moi, qui connais à fond (je crois que je puis me permettre de le dire) toutes les ressources de la voix humaine, dont j'ai, pendant vingt ans, étudié le mystérieux organisme, je ne puis donner une leçon à un soprano sans être contraint d'avoir recours à des explications que le moindre exemple rendrait inutile, si j'étais sopraniste moi-même (1); et cependant

---

(1) C'est ici l'occasion de rappeler ce que j'ai dit dans mes précédentes publications, sur la nécessité qu'il y aurait de mettre la voix des professeurs en rapport avec la nature de celles dont ils doivent faire l'éducation. Mais il y a une réserve toute naturelle à poser à cette prescription : c'est de choisir un maître expérimenté. Car une basse profonde, qui a fait des études physiologiques bien complètes, instruira mieux un soprano qu'un

ces explications remplissent si bien mon but, que, suivant l'ingénieuse expression d'un illustre critique, « il semble que je chante par la bouche de mes élèves. »

Ces précautions oratoires dûment posées, bien comprises, j'aborde mon sujet et je commence ma leçon.

Le premier enseignement qu'il importe de donner, non pas aux élèves, mais aux maîtres, pour le choix d'un air d'étude, est de prendre un morceau reconnu chef-d'œuvre. Une composition de premier ordre fournit au professeur un champ plus vaste à moissonner; elle le place sur un terrain plus fertile et plus riche. D'un autre côté, quand l'élève a vaincu les premières difficultés du sujet, quand il a dégrossi son étude et qu'il l'a mise à l'effet, comme disent les pintres, il lui est plus facile d'arriver à plaire au public en interprétant, même d'une manière incomplète, une musique admirable, que s'il exécutait, avec une certaine supériorité, un morceau défectueux. Les artistes les mieux posés ont bien de la peine à faire passer la fausse monnaie dont on infeste la scène et le commerce des publications musicales; il faut une exécution foudroyante, pour donner à des compositions décolorées et sans caractère la vie qui leur manque. Mais si ces morceaux-là sont difficiles pour les princes de l'art, ils sont naturellement impossibles pour les élèves; leur but doit être de faire passer l'insuffisance de leur talent à l'ombre du génie dont ils traduisent les inspirations, et non de prêter à la médiocrité d'un ouvrage les séductions qu'elle n'a pas en réalité.

Avant d'entamer les innombrables détails d'un morceau de chant, il faut s'attacher à bien comprendre l'inspiration du compositeur, la pensée qui l'a dominé dans sa création, et le but qu'il s'est proposé. Il faut se rendre maître de son sujet, l'examiner sous tous ses aspects pour en connaître le fort et le faible; car les plus illustres compositeurs ne sont que de simples mortels, et se trom-

artiste muni de cette voix, s'il connaît mal le difficile métier de l'enseignement.

pent, en matière de chant, comme les autres hommes, surtout comme ceux qui ne savent pas chanter. Il est quelquefois nécessaire d'aider à la lettre qui tue, pour arriver à l'esprit qui vivifie, et de modifier un passage pour le rendre plus agréable et quelquefois simplement exécutable.

A propos de modifications, il est indispensable qu'elles soient faites avec discernement et surtout avec assez d'adresse pour ne pas dénaturer dans le morceau le caractère général, qui doit être religieusement conservé avant tout. Soyez bien sûr d'avance que le compositeur ne tolérera un changement qu'autant qu'il embellira son œuvre. — Mais, d'un autre côté, il ne faut point exagérer le respect dû à la pensée écrite, jusqu'au point de conserver à chaque note sa valeur mathématique et sa sécheresse temporale, comme le conseillent naïvement certains maîtres de solfége qui professent le chant *in extenso*. — Ceci est une affaire de goût.

Ce mot goût me conduit à une autre digression indispensable (1). Il y a des mots qui comportent des enseignements, une série d'idées, tout un système, et le terme *goût* plus qu'aucun autre. — On a tant abusé du goût dans les arts, pour produire, en peinture, ce qu'on appelle la fantaisie, en musique, pour faire ce qu'on nomme des effets, qu'il faudrait enfin s'entendre sur la chose.

Le goût est comme les langues d'Ésope : c'est ce qu'il y a de meilleur et de plus détestable. Il est susceptible de mille qualités précieuses et de mille aberrations déplorables. Ce qu'il y a de plus fâcheux, pour ce qui concerne ce grand mobile du chant, c'est l'impossibilité de lui poser des règles sûres ; car chaque chan-

---

(1) Le professeur ne doit jamais reculer devant les digressions : ce sont de véritables lumières qui se promènent sur l'enseignement. A mesure qu'un mot éveille une idée, il faut que le maître s'en empare, pour initier l'élève à tous les mystères de l'art. Car, malgré la méthode qu'il s'efforcerait de mettre dans ses études, l'occasion ne se représenterait plus, ou pas aussi à propos. Il est toujours temps de revenir au sujet dont on s'est momentanément écarté.

teur d'un certain ordre a la prétention de lui donner le cachet de son individualité. C'est un droit imprescriptible sans doute; mais l'exercice en est périlleux. Autant l'originalité plaît dans le goût, quand elle est mesurée par un esprit délicat, un tact prudent et une sensibilité vraie, autant elle devient antipathique aux masses, lorsqu'elle n'arrive qu'à la bizarrerie et à l'excentricité.

L'essentiel, pour un artiste qui a l'ambition d'être *lui-même* et de voler de ses propres ailes (comme ils le veulent presque tous aujourd'hui), c'est de suivre ici le précepte antique : « connais-toi toi-même. » Le chanteur doit avoir la mesure modeste et réelle de la portée de ses moyens. Pour l'obtenir, il ne faut pas qu'il s'en rapporte à son propre jugement. L'amour-propre, cette grande plaie de l'humanité en général, et de l'art en particulier, dicterait bien certainement l'arrêt, et, à coup sûr, il serait favorable. — C'est le public seul qui doit prononcer; son opinion n'est pas difficile à comprendre, quand on la dégage de celle des flatteurs stipendiés; il ne faut que savoir s'y soumettre, au lieu de lutter contre elle, comme le fait ordinairement l'opiniâtre médiocrité; car il y a ici un autre précepte qui nous vient encore des anciens, dont la sagesse valait mieux que la nôtre : « *Vox populi, vox Dei* (1). » Magnifique adage que les harpies de la politique ont gâté, comme elles flétrissent tout ce qu'elles touchent, et dont elles n'ont pu détruire le sens admirable.

Certes, il est bon qu'un artiste puisse donner à son talent un caractère qui lui soit propre; mais, avant d'imposer peu à peu ses idées au public à force de succès, avant d'obtenir la confiance et la sympathie qui lui seront de sûres immunités pour les écarts de son audace, il faut préalablement qu'il s'attache à étudier le goût du public lui-même, à lui obéir d'abord, et à l'amener par des pentes insensibles aux modifications que son génie lui prépare. —

______

(1) La voix du peuple est la voix de Dieu.

Il n'est donné qu'aux réputations toutes faites, aux illustrations qui ont promené leur gloire de capitales en capitales de se produire *ex abrupto* dans toute l'originalité du système qui leur a réussi. Et encore ces manifestations ne sont-elles pas sans danger. Combien n'avons-nous pas vu de ces talents, consacrés par dix années de succès européen, échouer devant ce formidable aréopage parisien, qui ne soumet son opinion à aucune influence extérieure, à aucun des préjugés qui allèchent ailleurs le suffrage des masses?

L'artiste, dans l'exercice qui lui est particulier, doit ressembler à ces navigateurs des mers inconnues, qui n'avancent que la sonde à la main, prêts à reculer au moindre indice de péril. Tout est mystère et ténèbres dans les sources où se trempe le génie; la victoire est aussi près de la défaite que le sublime l'est du ridicule. C'est une simple nuance qui les sépare, et, comme je l'ai dit ailleurs, la nuance, en général, est tout le chant.

C'est le jugement de l'artiste qui forme son goût bien plus que les conseils d'une expérience étrangère; malgré la confiance que le maître peut inspirer à son élève, il est rare qu'elle soit complète, et les conseils ne sont, dans les arts, que ce qu'ils sont partout; c'est-à-dire qu'on ne les suit qu'autant qu'ils sont à peu près d'accord avec l'opinion déjà formée. Donc c'est le jugement et non le goût qu'il convient d'exercer chez l'élève. On ne peut le faire qu'avec des exemples, et des exemples de diverses natures. Les bons modèles sont utiles avant tout, parce qu'ils donnent le sentiment du beau dans les arts, ce sentiment qui fait rêver les jeunes imaginations, qui les exalte dans une salutaire mesure, et prépare la réaction de la pensée qui admire sur l'organisme qui agit.

Toutefois, en livrant à ces âmes effervescentes et toujours prêtes à s'égarer une pâture qui les fortifie, mais qui les enivre d'abord, il faut les mettre en garde contre les défauts qui déparent les plus délicieux talents. Car la tourbe des prétendus connaisseurs n'est que trop disposée à diviniser les vices de son idole, aussi bien que ses qualités : vous voyez une foule d'esprits faux et d'intelligences invalides qui, dans un grand artiste, n'imitent que les imperfections de son talent.

Ce qu'il y a de plus utile aux élèves, après les bons modèles, ce sont les mauvais, c'est la contemplation et l'analyse raisonnée de ces talents avortés qui, à force d'aplomb et d'audace, ont eu le bonheur, plus commun qu'on ne le croit, d'imposer au public leur vaniteuse médiocrité.

Ici, je ne suis nullement en contradiction avec moi-même. J'ai dit plus haut que le public ne se trompe pas ; mais il n'y a point de principe qui ne puisse être faussé, point de règle qui n'ait ses exceptions. — Oui, le public se trompe, lorsque certaines circonstances sont habilement mises en œuvre pour altérer son jugement, toujours sûr s'il s'exerce librement. Mais ses erreurs ne sont jamais de longue durée, et le vrai talent ne risque rien d'en appeler du public au public lui-même,

« Du parterre en tumulte au parterre attentif. »

Lorsque le culte de Moïse sommeillait au cœur du peuple de Dieu, on voyait parfois ces enfants égarés sacrifier aux fausses divinités sur les hauts lieux de la terre de promission. Mais un simple avertissement, sous la forme d'une bonne plaie ou de quelque solide fléau, les ramenait bien vite au bercail, et jamais la foi n'était plus vive, jamais l'obéissance à la loi divine n'était plus complète et plus tendre qu'après les rigueurs bibliques de la main qui « châtie ceux qu'elle aime. »

Ces talents de mauvais aloi, cette ivraie plantureuse qui étouffe si vaillamment le bon grain, se pavanent dans une atmosphère de louanges usurpées qui font bientôt place à la défaveur et au mépris. Mais pendant la courte apparition de ces météores trompeurs, l'élève peut faire de curieuses études sur leurs erreurs et sur l'hérésie passagère du public. Les Lacédémoniens montraient à leurs enfants des esclaves ivres pour leur inspirer l'horreur de l'intempérance. — L'aspect de la médiocrité, qu'une analyse lucide a dépouillée des oripeaux dont elle s'affublait, est salutaire au même degré, lorsque surtout cette exhibition est accompagnée des leçons philosophiques et artistiques, inspirées à l'expérience d'un bon maître par les fautes mal à propos applaudies.

Il y aurait bien d'autres choses à dire sur ce sujet, dont l'abondance est inépuisable. Quant à présent, je n'irai pas plus loin. Il ne faut pas oublier que ceci n'est pas un traité sur le goût, mais une simple digression sur les généralités de la chose.

II.

Lorsque vous avez envisagé dans son ensemble l'air que vous voulez mettre à l'étude, lorsque vous vous êtes complétement identifié avec la pensée et les intentions réelles du compositeur, l'étude des détails marche avec plus de fermeté, dans des conditions bien arrêtées et qu'il ne s'agit plus que d'accomplir. Elle ressemble alors aux efforts qu'un voyageur fait avec courage et succès pour triompher des difficultés du chemin, lorsqu'il peut distinguer devant lui le but de ses fatigues.

Ne montrez cependant pas à l'élève tous les obstacles qu'il lui faut surmonter pour arriver au terme; disposez-les par masses, comme les peintres qui préparent les différents plans de leur tableau, avant de les fondre et de les travailler séparément. Attachez-vous préalablement à mettre le morceau à l'effet dans sa partie mécanique, et ne finissez rien avant d'avoir obtenu les principaux résultats. Appliquez d'abord la parole à la note et les principes normaux de la prononciation à la parole; c'est-à-dire l'émission franche des voyelles et l'articulation exacte des consonnes.

Pour ne pas sortir de l'ordre d'idées qui nous occupaient avant ces utiles digressions, je commencerai par l'étude de ce même air du Freyschütz, qui est du style pathétique et qui offre à mes explications le plus de difficultés. — On sait que mon système est de prendre le taureau par les cornes, et d'aborder l'obstacle par son point culminant.

Dans ce morceau, que je veux apprendre à mes lecteurs comme s'ils assistaient à mes leçons orales, il est question d'une jeune fille qui attend l'objet de son amour avec la fiévreuse impatience d'une passion exaltée. Pour arriver jusqu'à celle qu'il aime, cet homme doit braver, pendant une nuit orageuse, mille obstacles et des dangers surnaturels. Dans un morceau précédent, elle vient de parler des sinistres pressentiments qui l'agitent; mais elle *veut* espérer, et les paroles de l'air n'expriment que l'ivresse de la joie. C'est là que le génie du compositeur a marqué son empreinte éminemment poétique; la mélancolie de la musique et le douloureux découragement qui règnent dans tout le morceau forment, avec les paroles, un contraste, un contre-sens sublime qui émeuvent bien autrement que ne le ferait l'expression de l'anxiété.

Tels sont les sentiments auxquels une exécution supérieure doit ajouter toute sa magie. Il faut développer par les ressources de l'expression et par la disposition ingénieuse des traits les intentions romantiques du compositeur, qui, tout en les accusant suffisamment pour les intelligences exercées, les indique avec une telle délicatesse, avec une telle réserve, qu'elles exigent une finesse d'observation dont tous les auditoires ne sont par susceptibles.

De là vient que tous les médiocres sopranistes, qui abondent en France, ont fait, de ce combat mystérieux entre l'espérance et la terreur, un simple morceau de facture qui n'est que l'expression d'un amoureux enthousiasme; les cantatrices qui le chantent avec cette platitude insupportable, sans y changer une seule note, sont surtout celles qui ne savent pas exécuter la difficulté. — On sait que cette catégorie d'artistes se retranche ordinairement derrière le respect profond qu'elle professe pour le travail du compositeur, et qu'elle y trouve un motif inexpugnable pour se contenter de la grosse note. Ces musiciens-là sont les détracteurs les plus invétérés du système de Rossini et de l'école moderne. C'est l'histoire de la queue du renard; le bonhomme La Fontaine connaissait déjà

les scrupules de cette classe de chanteurs qui préconisent la simplicité dans le chant.

Qu'on se persuade bien, une fois pour toutes, que les ornements
et les traits sont aussi déplacés, dans certains cas, que l'exécution
rigoureuse de la note l'est dans certains autres. L'emploi de ces
moyens est une affaire de discernement et de goût; on ne peut
donner aucun conseil général à ce sujet. — L'artiste qui change-
rait une croche ou une note à l'invocation des nonnes de *Robert
le Diable*, commettrait une faute plus grave que celui qui exécu-
terait l'air du *Freyschütz* comme une vocalise de Bordogni.

III

Le récitatif de cet air du *Freyschütz* est une véritable préface,
un aperçu brillant et lucide, un résumé plein d'ampleur de la situation scénique et des intentions du compositeur. Il doit donner,
tout d'abord, une idée superlativement poétique des sentiments
contraires qui vont se disputer le cœur d'Annette. — Voilà pour
le canevas du récitatif; mais, avant d'entrer dans la trame, voyons
la contexture des fils qui la composent.

Ce préambule ne contient que les quatre vers suivants :

> « Le calme se répand sur la nature entière;
> « Le bonheur va bientôt embellir ce séjour.
> « La lune porte au loin une vive lumière;
> « Le ciel même, le ciel sourit à nos amours. »

Prenons d'abord les paroles qui forment la première période de
la phrase, et appliquons-leur, avant tout, les principes de la prononciation.

> « Le calme se répand sur la nature entière. »

Il n'y a point d'autre expression à donner à ces paroles que
celle de la quiétude et de la placidité. — Elle va se trouver tout
entière dans l'articulation des consonnes, puis dans la liaison des
sons et dans l'uniformité de leur émission.

Je reprends les premiers mots : « Le calme. » Comme ces paroles ont une intention (1), il faut les mettre en lumière, et, pour cela, il est nécessaire de donner aux consonnes la préparation normale.

Pour l'L, approchez la pointe de la langue des gencives supérieures, et contenez un instant la colonne d'air expiratoire. Vous obtiendrez alors un son un peu assourdi, semblable à celui de la diphthongue *eu*, qui amènera l'explosion de l'L (2).

Quant à l'E, donnez-lui la couleur de l'E muet; mais entendons-nous bien ici, et permettons-nous une parenthèse.

Depuis quelques années, un illustre chanteur a mis dans la circulation un E muet tellement ouvert, qu'il ressemble prodigieusement à la diphthongue *ai*. Ce virtuose, qui avait ses défauts comme un simple mortel, ne prononçait plus les mots « homme, femme; » il faisait entendre « homm*ai*, femm*ai*. » Comme il n'adoptait aucun parti sans de mûres réflexions, il avait probablement pris au sérieux le reproche que l'Italie fait à la France sur la dureté et sur la surdité de son E muet. Dans son patriotisme, il avait résolu d'affranchir son pays de ce vice antimusical, et il avait substitué à cette lettre malencontreuse un son ouvert, produit par l'adhésion de la ligne médiane de la langue au voile palatin, et par le refoulement de la pointe vers la ligne médiane. Ce qui produisait bien et dûment, comme je viens de le dire, la diphthongue *ai*.

Mais il n'a point réfléchi à une chose essentielle, c'est que la prononciation d'une langue, quelle qu'elle soit, n'est point susceptible de se modifier comme son orthographe, parce que la prononciation est le signe extérieur et matériel qui parle aux masses. Il n'avait pas à examiner si le son *ai* est plus musical que le son *eu* qui représente l'E muet; sa seule affaire était, comme la nôtre en ce moment, de se conformer aux prescriptions du langage, qui de-

(1) *Voir*, dans les *Théories du chant*, mes observations sur les intentions diverses des paroles. Chap. xi, page 225 et suivantes.

(2) *Id.*, chap. x, page 207 (*Pose des consonnes*).

mande impérativement le son *eu,* sous peine d'altération linguale ou barbarisme (1).

Je sais bien que le public comprend à merveille que les mots *hommai* et *femmai* signifient homme et femme ; mais il les trouve entachés d'une afféterie commune, insupportable, ressemblant, dans son genre, à celle de certains garçons de restaurant qui donnent à leurs cheveux une forme impossible, au moyen de la pommade et de la bandoline.

Malheureusement il s'est trouvé de bons artistes qui n'ont vu, dans cette audacieuse modification, que le côté musical, et qui se sont autorisés de cet exemple célèbre pour escamoter l'E muet, ce croquemitaine de la vocale..

Ceci est une simple erreur qui ne fera pas école, par la raison toute naturelle et fort concluante, qu'il est de règle fondamentale et imprescriptible de donner au chant la prononciation adoptée au Théâtre-Français, c'est-à-dire celle du langage le plus pur. Il n'y aura jamais une prononciation parlée et une prononciation chantée. Donc, il faut conserver au chant ce malheureux E muet, qui, je vous l'assure, est parfaitement inoffensif par lui-même, et n'a d'autre inconvénient que celui de ne pas plaire aux Italiens. — Or, les Italiens le blâment, ainsi que l'U et l'X, par la seule raison que ces lettres n'existent pas dans leur langue, et qu'ils éprouvent de grandes difficultés à les prononcer. Mais quand elles sont bien émises, elles n'ont rien de sourd ni de rude.

Au demeurant, la langue française a ses qualités et ses défauts, comme toutes les langues ; elle n'a pas, il est vrai, la mollesse et la sonorité de la langue italienne, si éminemment favorable aux tartines musicales ; mais elle possède en revanche une noblesse et une dignité qui se prêtent merveilleusement aux grands effets de la scène. La compensation me semble suffisante.

(1) *Voir* les *Théories du chant,* page 140.

Cette question se résume par un principe : c'est qu'un chanteur doit tirer le meilleur parti possible de toutes les ressources et même des défectuosités de sa langue ; mais qu'il ne lui est pas permis de l'altérer sous aucun prétexte, musical ou autre. — Il faut, en fait de doubles croches, aussi bien qu'en politique, rester de son pays, à moins de n'appartenir à aucune nationalité. — Ceci n'est point du chauvinisme vocal : c'est de la grammaire et de la syntaxe.

Je reviens au mot *le*, qui ne pourra être prononcé avec l'espèce de solennité comportée par la situation, qu'autant que les principes normaux de l'émission des deux lettres qui le composent auront été scrupuleusement observés ; et il faut qu'ils le soient, car le mot, tout bref et insignifiant qu'il est par lui-même, forme l'entrée en matière : il est « le premier coup d'archet » de l'ouverture.

Le substantif *calme* est le chef de période ; c'est sur lui que se concentrera l'attention ; c'est lui qui donnera la couleur à la phrase. Sa prononciation est tellement significative, que j'en ait fait un type dans mes *Théories* du chant (1). Je cite le passage :

« Les mots qui expriment des idées tranquilles et douces ont également besoin d'être préparés, lorsqu'ils commencent par une consonne. Par exemple, le mot *calme*, pour arriver au degré de quiétude nécessaire et solennelle qu'il doit peindre, demande, avant l'articulation de sa première lettre, un temps d'arrêt qui produit en quelque sorte le calme en même temps qu'il l'exprime. »

Cette explication est suffisante pour l'émission du C.

L'A devra être prononcé très-ouvert, sans aucun mélange de cet *e* qui fait dire *médème* aux Parisiens au lieu de madame, et qui ôte à la parole son ampleur et sa dignité. J'ai dit, dans mes *Théo-*

(1) Page 227, chap. XI.

ries (1), qu'on pouvait prêter à cette lettre, dans le timbre sombre, une légère nuance de la lettre O, pour lui donner de la profondeur et de la sonorité; mais ce n'est point ici le cas de suivre ce précepte; le mot calme devant être prononcé dans le timbre clair, on conservera scrupuleusement à l'A toute sa blancheur normale.

S'il est des consonnes qui demandent à être nettement articulées, comme celles qui commencent les mots, ou qui expriment des images semblables à celles de l'impératif *tremble*, ou de l'adjectif *horrible*, il en est d'autres qui ont besoin d'être adoucies jusqu'à la mollesse. Afin d'obtenir ce résultat, on fait suivre la consonne d'un E muet qui l'alanguit. Ici, le mot *calme* se prononcera comme *ca-le-me*.

Je n'ai plus qu'une observation à faire sur la prononciation du mot, c'est de donner à la syllabe *me* qui le termine une brièveté presque dépourvue de retentissement. La sonorité que les anciens chanteurs, influencés par la notation des compositeurs eux-mêmes, imposaient à l'E muet, le rendait, en effet, ridicule aux oreilles des Italiens, plus avancés en musique et surtout en vocale que nous ne l'étions alors. Le seul véritable moyen de diminuer ses défectuosités, est de lui ôter autant de sonorité que le permettront les règles de la prosodie française et de la déclamation.

La préposition *se* ne comporte qu'un seul précepte, celui de préparer l'S en sifflant avec modération. L'E se prononce comme *eu*.

Le verbe *répand* n'accusant qu'un acte doux et paisible, il faudra bien se garder de donner à l'R, qui le commence, l'expression d'énergie dont il est susceptible, par le roulement que produit la vibration du bout de la langue. On adoucira cette lettre jusqu'à l'insignifiance. L'E qui la suit n'a point d'autre exigence que celle de l'accent qui la ferme. Les règles de son émission sont établies dans mes *Théories* (2).

(1) Page 139, chap. x.
(2) Chap. x, page 140.

Quant à la diphthongue *pand*, elle me donnera l'occasion de placer une observation essentielle.

La pluralité des chanteurs, c'est-à-dire ceux qui n'ont pas fait d'études sérieuses sur la prononciation, c'est-à-dire encore presque tous les chanteurs, ont de singuliers préjugés sur les diphthongues nasales formées de l'N et de l'M. Ils s'imaginent que, le nasonnement étant un des principaux vices du chant, le nez ne doit jamais manifester la part qu'il prend à la prononciation de ces consonnes. C'est une ridicule erreur. Le nez joue un rôle essentiel et très-légitime dans la résonnance du son, qui s'accomplit, en dernier ressort, sous le plancher des fosses nasales, dont il se sert comme d'une vraie table d'harmonie.

L'articulation de l'M et de l'N s'exécute à travers le nez. « Ce sont les seules lettres pour l'émission desquelles la voix ne sort point par la bouche. Puisque c'est le nez qui s'ouvre pour y laisser passer la voix, qui ne doit sonner que de cette manière, il accomplit ainsi un acte qui lui appartient en propre ; il est l'organe actif de la formation de ces lettres (1). »

On voit qu'il est indispensable de leur laisser leur caractère éminemment nasal, et, au lieu de prononcer le mot *répand* comme *repas*, ainsi que de maladroits puristes le font mal à propos, il faut franchement donner à la syllabe *pand* son véritable caractère.

Pour le mot *sur*, je renvoie mes lecteurs à mes observations relatives à l'S et à l'R. Ces lettres devront être articulées ici comme pour les mots précédents. — Quant à la prononciation de l'U, mes *Théories* en donnent les principes (2). Bien des chanteurs prêtent à cette voyelle, ainsi qu'à l'I, une acuité qui nuit beaucoup à l'éclat et à la profondeur de la voix. Cette acuité dépend simplement, pour ce qui concerne l'U, du plus ou moins d'avancement des lèvres et de la langue en forme de bec. Contractez les lèvres aussi

(1) Chap. x, pages 175 et 181.
(2) Chap. x, page 141.

peu que possible, abaissez la pointe de la langue sur la mâchoire inférieure. Par ce moyen, vous ménagerez à l'air un passage plus libre, et vous donnerez ainsi à cette voyelle un volume de son qui ne laissera rien à désirer.

IV.

Je viens de consacrer plusieurs pages aux instructions nécessaires à quatre mots, et encore n'ai-je fait qu'établir les règles de leur seule prononciation. Le lecteur ne doit pas se presser de conclure, de cette apparente prolixité, qu'il sera besoin d'un volume tout entier pour le reste de l'air. Il m'a fallu poser des principes qui exigeaient quelques développements, et qui vont servir à l'articulation d'un grand nombre d'autres paroles.

Avant d'avoir examiné mot à mot les quatre vers du récitatif, nous en aurons fini avec ce genre d'enseignement; j'en aurai, du moins, dégrossi les difficultés, et, jusqu'à la fin du morceau, je n'aurai plus à en reproduire que de courtes modifications, selon le sens des paroles, qui, d'après leurs intentions, demandent une appellation plus ou moins nette, plus ou moins vive, bruyante, ou alanguie de la consonne. Quant aux nuances des voyelles, ce sera toujours à recommencer; la nuance est comme les sentiments humains : elle se perd dans l'infini.

Il en sera, d'ailleurs, des autres airs, relativement à celui du *Freyschütz* (dont les détails, aussi importants que minutieux, nous occuperont longtemps), ce qu'il en est de ce préambule comparativement au reste du morceau. Le chef-d'œuvre de Weber contiendra une foule d'enseignements qui se représenteront partout et qu'il suffira de rappeler. A mesure que nous avancerons dans des études différentes, nous marcherons plus vite et plus facilement.

J'entreprends maintenant le second hémistiche du vers, qui va déjà réaliser une partie de cette promesse; puis je poserai les préceptes de la prononciation jusqu'à la fin du récitatif, et ensuite je m'occuperai de l'application des paroles à la musique.

Nous avons à dire :

« ..... sur la nature entière. »

Comme nous avons examiné dans de suffisants détails, pour les mots précédents, les trois lettres qui composent la préposition *sur*, il ne me reste plus qu'à donner un conseil sur la liaison de la dernière lettre avec celle du mot suivant.

Lorsque deux consonnes d'une nature différente se succèdent, l'articulation de la seconde est en quelque sorte préparée par la première, dans ce sens que c'est l'effet de celle-ci qui pèse sur la voyelle. Ici l'L, qui se trouve prise entre l'R et l'A, n'a besoin que d'être surveillée pour que son émission soit complète. Mais si on lui donnait une préparation particulière, on arriverait à l'afféterie et à l'emphase, deux défauts qu'il faut éviter à tout prix.

Dans le mot *nature*, je ne m'arrêterai pas à l'articulation de l'N, que j'ai indiquée scientifiquement dans mes *Théories* (1). J'en demanderai seulement l'accomplissement distinct et modéré. L'A doit être bref, et sonner dans le timbre clair. Toute l'importance du mot se porte sur la syllabe *ture;* mais le T n'a pas besoin de préparation; il éclôt de lui-même. Il faut que l'U soit profond, soutenu, et que l'R soit doux. L'E, qui s'élidera devant la voyelle suivante, ne compte ici que pour mémoire.

L'adjectif *entière* devra être joint à *nature*, comme s'il ne formait que la fin de ce mot. Je n'ai rien à dire sur la diphthongue *en*, que j'ai déjà traitée précédemment, ni sur le T, qui se pronon-

(1) Chap. **x**, page 177 et suivantes.

cera sans cérémonie, comme celui de *nature*. L'I demandera (surtout à cause du voisinage de l'E ouvert) des précautions que je vais indiquer soigneusement, afin de les rendre très-intelligibles, car elles sont d'une importance fondamentale.

Beaucoup de gens, pour prononcer l'I en chantant, brident leurs lèvres en les contractant avec force, et ils appuient le bout de leur langue jusque sur les dents supérieures. Le son, privé d'espace pour se former, devient alors étriqué, sifflant, aigu. Comme cette voyelle se reproduit souvent, elle ôte au chant sa rondeur, sa noblesse et son énergie. Si on la prononce de cette façon dans le mot *entière*, elle privera l'E de son caractère ouvert; car les deux voyelles sont liées ensemble, quoique sonnant séparément, et le défaut de la première déteindra nécessairement sur la seconde, puisque les organes, disposés d'une manière défectueuse pour l'I, n'auront pas le temps de reprendre leur position normale pour la formation de l'E ouvert.

Tandis qu'au contraire, si la bouche adopte sur-le-champ la préparation exigée par cette dernière lettre, la position des organes de la bouche conviendra parfaitement à l'émission profonde de l'I, qui ne demande qu'un léger rapprochement de plus de la part de la mâchoire inférieure, laquelle portera la langue un peu plus près du palais. De cette manière, l'I, se trouvant normalement prononcé, l'E lui succédera aussi rapidement qu'il sera nécessaire au moyen d'une simple dépression de la langue; et les lèvres, qui seront restées dans leur état ordinaire, ne prendront aucune part à cette modification.

Pour la syllabe *re*, qui termine le mot, l'R sera doux et l'E muet presque nul. Ici, comme partout ou à peu près, c'est une lettre qui ne doit guère briller que par son absence.

Passons au second vers.

« Le bonheur va bientôt embellir ce séjour. »

Cette phrase sera déclamée rapidement et avec une animation

qui exclut l'art, c'est-à-dire qui ne lui permet point de paraître. La préparation de l'L dans le mot *le* n'accusera donc pas ses efforts; mais, en revanche, celle du B, dans *bonheur*, devra produire une joyeuse explosion. On sait maintenant que cet effet s'obtient, pour toutes les consonnes, en comprimant la colonne d'air qui se presse contre la langue, ou contre les lèvres, pendant que chacun des organes de la bouche est dans la position voulue. Toute l'expression qui doit se répandre dans cette période est dans l'articulation du B.

Je connais plusieurs sujets (mademoiselle Rachel était du nombre, et, si j'en savais un plus illustre, je le nommerais) qui prononcent la diphthongue *eur* en la serrant comme s'ils ne faisaient que substituer un R à l'X dans la préposition *eux*. Cette prononciation commune et triviale, même dans la parole, est un vice honteux dans le chant. Je n'ai pas à examiner si la déclamation s'en accommode, ce n'est point ici mon affaire; ce qu'il y a de certain, c'est qu'il faut donner à cette syllabe, dans le mot *bonheur*, une émission large, aisée et retentissante.

Le V du mot *va* sera moins articulé que le B dans *bonheur*, et sa préparation sera plus rapide. J'en dirai autant pour le B de *bientôt*, et, quant à la diphthongue *ien*, je rappellerai mes observations sur la syllabe *ière* dans *entière*. J'ajouterai que, plus la syllabe *en* sera franchement et largement émise, plus l'enthousiasme jaillira de ce mot, si cher à ceux qui connaissent les tourments de l'attente. La syllabe *tôt* n'a rien qui puisse nous occuper; le T va de lui-même, et l'accent circonflexe en dit autant qu'il est nécessaire.

Dans le verbe *embellir*, c'est sur le B qu'il faut appuyer.

Je n'ai point d'indication à donner, qui n'ait déjà été formulée autre part, sur les mots *ce séjour*. Ils comportent cependant un effet; mais il est dans le chant. J'en parlerai un peu plus tard.

« La lune porte au loin une vive lumière. »

Point d'expression particulière dans ce vers, si ce n'est sur le V du mot *vive*, qu'il faut articuler vigoureusement; le reste demande à être émis avec simplicité.

Évitez de prononcer trop rapidement l'article *la* devant *lune*, dont l'L doit être soigneusement posée. Peu de préparation à la lettre P dans le verbe *porte*, qui est sans intérêt, et point du tout pour l'L de l'adverbe *loin*. La seule remarque qu'il y ait à faire sur ce mot insignifiant, c'est de séparer légèrement la voyelle O de la diphthongue *in*, qui devra être prononcée d'une manière très-ouverte, avec le sentiment de l'A, comme si elle s'écrivait *ain*.

Je ne dis rien sur le mot *une*, pour ne point faire ici de redites inutiles; mais il ne faut pas que le professeur imite ma réserve, qui n'est bonne que dans un livre : *verba transeunt, scripta manent.* Il doit se répéter dans des explications, jusqu'à ce que l'élève se soit familiarisé avec les moindres difficultés de la prononciation chantée ; car ce n'est pas tout de comprendre, il faut encore exécuter. Or, entre l'intelligence qui perçoit nettement les enseignements et les organes qui s'efforcent de les pratiquer, il y a une différence que le temps, la réflexion et les essais font disparaître peu à peu, mais que l'aptitude ni la bonne volonté ne peuvent effacer spontanément. L'habitude de bien faire s'acquiert laborieusement, patiemment ; elle ne s'improvise pas.

C'est sur le V du mot *vive* que se porte l'action de la période ; cette lettre, essentielle ici, doit être, comme je viens de le dire plus haut, énergiquement apprêtée ; sa percussion a quelque chose de tranchant et de vif qui convient parfaitement à l'image que cet adjectif présente. Le second V, au contraire, est d'une nature toute pacifique ; il faut le laisser assoupi dans sa position mitoyenne. L'E muet doit être, par exception, légèrement soutenu, pour aider à une préparation nette et brillante de l'L du mot *lumière*, qui suivra son adjectif sans aucune intermittence ; cet E, par conséquent, aura le caractère de ceux qu'on rencontre dans le milieu des mots, comme dans *événement, mesure,* etc.

Mes enseignements précédents ne me laissent rien à indiquer pour ces mots : *le ciel même.*

L'air du mot *sourit* est doux, et ne comporte qu'une ou deux vibrations de la langue (1). Si on le roulait davantage, il prendrait un caractère de sécheresse triviale qui formerait un odieux contre-sens avec les tendances du mot.

Ouvrez voluptueusement et avec abandon la lettre A dans *amour ;* faites sonner jusqu'à l'affectation la préparation de l'M ; vous obtiendrez un alanguissement qui exprime la tendresse, et qui contribuera, plus encore que les effets purement vocaux, à l'expression de cette charmante parole.

(1) *Théories complètes du chant,* chap. x, page 184.

V

Tout est dit maintenant sur la prononciation, pour le récitatif, et, quoiqu'il ne contienne que quatre vers, leurs paroles m'ont donné l'occasion de poser presque tous les principes généraux de la pratique, et d'examiner la plus grande partie des lettres dont se compose l'alphabet. Je n'aurai donc plus que peu de chose à dire à ce sujet dans la suite de l'air.

A présent, il me reste à faire l'application des paroles à la musique, et à chercher ensuite, au moyen de l'articulation et de l'accentuation dont nous avons les éléments (1), les grands effets de haute expression que s'est proposé le compositeur.

Comme les effets, en général (quelque désirables qu'ils soient, puisqu'ils donnent au chant la couleur et la vie), sont en quelque sorte exceptionnels, il faut, sur toute chose, en éviter les abus. On se blaserait aisément sur la saveur de ces dangereuses épices de la vocale, et le chanteur qui les emploierait sans indispensable nécessité en arriverait bientôt à la position de ces gourmands dont le palais, imprudemment surexcité, n'apprécie plus que l'assaisonnement incendiaire du gingembre et du poivre long. Il faut donc laisser dans l'ombre les phrases ou portions de phrase qui n'appellent point l'intérêt, ou les placer avec intelligence dans le degré de lumière qui convient à leur importance.

(1) Je parle toujours dans la supposition que l'élève est rompu au mécanisme vocal.

3

Le commencement du récitatif est une peinture du repos majestueux de la nuit. Il y a quelque chose d'imposant et de doux en même temps dans cette image. Pour la produire, la voix ne doit point chercher l'éclat de la sonorité ; mais il faut qu'elle soit posée dans l'assiette de son timbre ordinaire et que la portée en soit raisonnable. Ce précepte est d'autant plus important, que la cantatrice aborde des notes de *médium*, qu'il faut faire sortir avec une certaine attention, si l'on veut qu'elles arrivent au public.

Il y a ici, pour les élèves qui n'ont jamais chanté, mais qui sont suffisamment initiés au mystère du mécanisme de la voix, une difficulté qui les étonnera un moment : c'est celle de maintenir l'intensité du son pendant que les organes de la bouche modifient leurs positions pour exécuter les syllabes et pour passer d'un mot à un autre avec la même expiration (1). Les commençants laissent ordinairement tomber le son dans ces changements exécutés par les organes ; il en résulte des hauts et des bas dans le caractère du timbre, des aspérités et des enfoncements qui hachent le chant.

J'exprimerai très-nettement mon idée en disant que, dans cette période de phrase :

les sons des diverses notes qui la composent doivent être soutenus et liés dans le même degré de force que si on ne posait point de paroles dessous.

Ainsi, quand je dis :

(1) Le phénomène de la respiration se compose de deux parties : l'aspiration et l'expiration.

il ne faut pas que je quitte le son à l'*ut*; il doit, au contraire, conserver toute son intensité jusqu'à l'émission du *fa*, qui, de son côté, doit commencer avec les mêmes qualités que l'*ut*.

Après ces deux mots, il doit y avoir un léger repos qui puisse les détacher des deux suivants; mais ce repos doit provenir de l'affaiblissement du son dans l'E muet, et n'a nul besoin d'une respiration.

Ces mots et ces notes :

doivent être dits dans le même degré de sonorité; ils doivent être liés parfaitement entre eux. Seulement, il faut que la première syllabe de *répand* soit précipitée sur l'autre comme dans le langage, et que la valeur du *sol* soit changée en conséquence.

Dans la seconde partie de la période :

la réconduction sans désinence d'un son à un autre, et la même portée d'intensité caractériseront ce passage. — En terminant la phrase, il faudra, comme pour le style italien, transformer en *la* le premier des deux *sols* (1).

Nous allons trouver, dans les six notes suivantes :

(1) Dans le style italien, il est passé à l'état d'usage de ne point écrire certaines appoggiatures qui s'exécutent le plus généralement sur des fins de période, lorsque le mot qui les supporte se termine par deux syllabes dont l'avant-dernière est forte (c'est-à-dire porte l'appui), et la dernière faible (c'est-à-dire presque abandonnée).

Mais, quoique les compositeurs italiens n'écrivent point ces sortes d'appoggiatures, ils n'en exigent pas moins l'exécution.

Sont-ils bien réellement dans leur droit?

un éclair d'expression qu'il n'est pas très-facile de rendre et surtout d'expliquer; mais un peu de soin surmontera, je l'espère, ces deux difficultés.

Il s'agit ici de détimbrer le son, et, pour nous servir d'une expression vulgaire mais saisissante, d'essouffler un peu la voix pour lui donner le caractère de l'émotion. Je vais d'abord justifier cet effet; j'indiquerai ensuite les moyens de le produire.

Le timbre, comme je viens de le rappeler un peu plus haut, est l'assiette du son; c'est le positivisme dans le chant; à moins de cas exceptionnels, la voix doit toujours vibrer. Mais quand elle prend la nuance de la tendresse, elle se couvre, et passe ordinairement du clair au sombré doux. Plus l'émotion est vive et violente, plus la nuance sombrée se développe. — Ainsi, quand vous voulez exprimer une terreur profonde, et que vous prononcez en parlant ces mots : « Oh! mon Dieu! » en forme d'*a parte*, la voix est si complétement détimbrée, que ces paroles ne sont en quelque sorte qu'un soupir. — Et bien, c'est cet effet, poussé ici jusqu'à ses dernières limites, dont je veux obtenir une partie dans ces mots : « *Le bonheur va bientôt.* »

Maintenant, comment l'effet dont je parle s'obtient-il? — Le plus facilement du monde. On a vu dans mes *Théories du chant* (1) que le timbre était le frisement produit par les cordes vocales de la glotte pendant l'expiration de l'air. — Ouvrez la glotte, c'est-à-dire détendez les cordes vocales, le frisement n'a plus lieu, et le timbre disparaît. Ce relâchement dans la tension des bords cartilagineux de la glotte est toute l'explication du sombré doux (2), qui convient si bien au *pianissimo* dans les notes élevées des hommes. (Ceci n'est qu'une simple parenthèse.)

— Je continue :

(1) Chap. iv et v.

(2) Chap. xii, pages 248, 249, et, subsidiairement, chap. xi, pages 239, 240 et 241.

Ici, un petit effort d'imagination pour entrer de prime-saut dans les idées du compositeur.

Annette dit que le bonheur va bientôt embellir ce séjour. La pauvre fille se ment à elle-même : elle l'espère, mais elle ne le croit pas. — Voyez comment ces paroles, qui expriment le plus doux triomphe de l'amour, sont rendues par le musicien. Sa phrase est saturée de tristesse et de découragement; il n'aurait pas fait autrement s'il avait eu à travailler sur le vers suivant :

« La douleur va bientôt attrister ce séjour. »

Emparons-nous de cette antithèse, dont la délicatesse peint si bien les navrantes misères de l'espérance amoureuse. Abordons le mot *embellir* avec le bruyant enthousiasme du bonheur; puis, lorsque nous aurons lancé vers les cieux une grappe de notes retentissantes, laissons-la rencontrer un de ces pressentiments de malheur qui tourmentent la pauvre Annette. Cette brillante fusée s'épanouira tristement dans les nuages noirs du doute et de l'inquiétude; puis elle retombera éteinte et fumante, au milieu des steppes de la réalité. Voici comment je comprends cette modification:

Vigueur et *brio* dans l'exécution du *grupetto* et dans la pose du *fa* ♯, qui, toutefois, ne devra pas être soutenu; car il faut garder assez de respiration pour éteindre graduellement la voix sur le *si* naturel, afin que le mot *séjour* finisse dans l'accablement.

Je n'ai aucune observation à faire sur cette période :

si ce n'est de bien timbrer la voix qui doit être retentissante, et
qui doit même produire un effet d'attaque et de tenue sur le *fa* ♯.

Augmentez la force de la voix à partir du mot *sourit*, dont la
première syllabe doit être jetée précipitamment sur la seconde;
puis paraphraser légèrement la fin de la période :

La syllabe *no*, qui s'assied sur le deuxième *ut*, doit être conduite
avec force sur l'appoggiature *mi*. La syllabe muette *tre*, unie à la
voyelle *a* qui commence *amour*, portera sur le *ré* naturel ; puis,
après une tenue de demi-point d'orgue, elle doit descendre avec
un *portamento* très-senti sur le *si* qui termine la phrase.

On remarquera que j'ai placé une seconde respiration après le
mot *sourit*. On ne doit pas s'en étonner ; les respirations ne sont
pas seulement le mode de ponctuation du chant, elles en forment
aussi la grâce et l'expression. Souvent une moitié et même un
quart de respiration donnent à la phrase musicale un tour plus
heureux et plus dégagé. Il ne faut point chercher à dissimuler
ces légères scindures, car alors on les rendrait maladroites. Souvent même il est nécessaire de les accuser sous la forme de
soupirs, et comme départs dans les points d'orgue.

Je reviens à la fin de la période, déjà un tant soit peu para-
phrasée. — Puisque le compositeur la reprend et qu'il y place
un trait, c'est qu'il veut développer son idée. Entrons largement

(1) Je ne saurais trop recommander l'emploi de la virgule au-dessus des
portées pour marquer les respirations. Ceci est un signe proposé par l'an-
scron, de très-regrettable mémoire, et dont l'usage devrait être universel-
lement adopté.

dans cette voie; sans quitter le sentiment du précieux contraste qui domine le morceau tout entier. — Au lieu de :

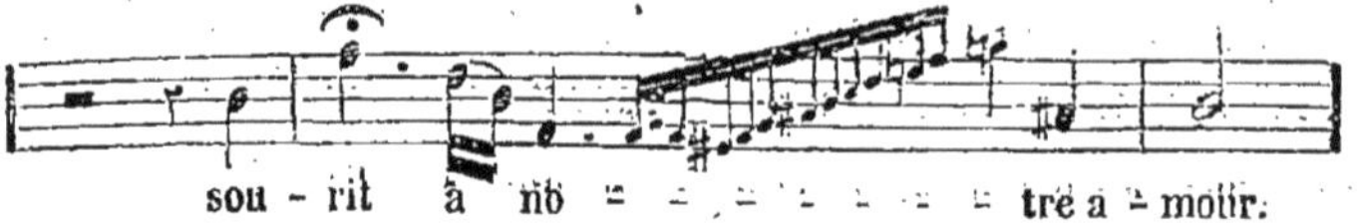

mettons :

La première partie de cette période s'explique d'elle-même. Elle est franchement joyeuse; elle le sera d'autant plus qu'on augmentera l'intensité du son sur les notes *mi, fa, sol* qui suivent le premier point d'orgue, et dont la voyelle I ne peut en aucune manière diminuer l'éclat, — comme nous l'avons vu précédemment. La seconde partie commencera de même; mais, arrivée au point culminant du trait, la voix, subitement attristée, s'alanguira et retombera chromatiquement, comme une larme qui sillonnerait la joue d'Annette, à son insu peut-être; puis elle se relèvera (la voix) pour atteindre une note d'angoisse qui, après une longue tenue, se penchera dans un douloureux *portamento* sur la tonique.

Tout le trait écrit en petites notes forme partie intégrante du troisième temps, et devient intermédiaire naturel entre le premier accord de la cadence finale placée sur le premier temps de la mesure, et celui qui en achève la construction sur le quatrième.

L'étude de ce récitatif (à part sa prolixité qui provient, ainsi que je l'ai suffisamment expliqué, du développement des principes qu'il fallait nécessairement inculquer à l'élève à mesure qu'ils se présentaient) peut déjà donner une idée de ce qu'est le travail d'un morceau de chant, placé dans les conditions de l'expression et du pathétique. Par cet échantillon d'une leçon écrite, le lecteur verra, je l'espère, qu'il n'est pas aussi difficile qu'on l'a cru jusqu'à présent de mettre le professeur en rapport direct avec l'élève, sans qu'il soit besoin du secours de la parole et des exemples chantés. J'ai fait de mon mieux pour arriver à la complète lucidité de l'enseignement ; et non-seulement j'ai la conscience d'avoir été clair, mais les nombreuses épreuves que j'ai tentées, en communiquant mon travail aux intelligences de toutes les portées, m'ont prouvé que je ne m'étais point fourvoyé.

Je continue donc, avec l'encourageante certitude d'être compris par tous les lecteurs qui voudront bien me donner le degré d'attention nécessaire, et relire avec quelque recueillement ce qu'ils ne saisiraient pas à première vue.

VI.

L'adagio qui suit le récitatif est une prière en deux strophes, d'un style simple, grandiose, et dont la *religiosité* voluptueuse rappelle les mœurs allemandes, qui mêlent ingénument l'amour à la piété. Dans cet élan d'une âme passionnée, vers le ciel miséricordieux dont elle implore le secours, tout est anxiété, tristesse et lamentation. Et cependant les paroles qui traduisent assez fidèlement le sens de la poésie allemande ne trahissent aucune inquiétude positive.

Voici la première strophe :

J'ai numéroté les mesures pour faciliter mes explications, ou, ce qui revient au même, pour rendre l'attention de mes lecteurs moins laborieuse, et leurs applications plus rapides.

Les détails que j'ai donnés précédemment sur les préceptes de la prononciation pratique me dispenseront maintenant d'en faire une étude à part, et je procéderai dans l'ensemble des enseignements.

Le point essentiel, celui sur lequel devra tout d'abord se porter l'attention du professeur, c'est le mouvement précis et bien déterminé du fragment; car, une fois habitué à une allure que la lenteur et la conscience des études quotidiennes caractérisent d'une manière indélébile, l'élève ne pourra plus la modifier sans altérer en même temps la physionomie générale de ses travaux d'exécution. Or, il est bien rare qu'un morceau soit dit au théâtre d'après les indications gravées, qui sont l'expression de la pensée première du compositeur. L'artiste qui le crée lui imprime le sceau de sa propre volonté. L'auteur cède la plupart du temps à une fantaisie que son intérêt est de ménager; il proteste innocemment contre cette modification dans la gravure de sa musique. Mais lorsque le succès a légitimé les intentions du chanteur, lorsque le public s'est accoutumé à un mouvement qui passe en tradition, le compositeur lui-même est le premier à s'y conformer, quand il l'accompagne dans les concerts.

Les mouvements traditionnels sont si importants à conserver dans leur pureté primitive d'exécution, que, dans la reprise de *Joseph*, qui a eu lieu en 1853, à l'Opéra-Comique, avec des moyens d'exécution supérieurs peut-être à ceux dont disposait Méhul lors de la première exhibition de son chef-d'œuvre, cette étude, soigneusement dirigée par des artistes habiles et compétents, n'a produit sur moi que la pénible impression d'une gaucherie solennelle; tranchons le mot, d'une profanation.

Cependant je m'étais rendu au théâtre avec les préventions les plus favorables, pour assister à cette reprise. D'excellents musiciens, des artistes dignes de confiance, m'en avaient fait d'avance un éloge sincère et motivé. J'aimais le talent des artistes chargés d'interpréter l'admirable musique de Méhul; j'étais, on doit le comprendre, sans inquiétude sur l'orchestre de M. Tilmant, ainsi que sur la partie chorale qui a signalé de si grands progrès entre les mains de M. Cornette; je me faisais d'avance une véritable fête, un bonheur mélancolique et délicieux de retrouver et de savourer, après vingt-cinq ans de silence et d'oubli, les impressions de ma jeunesse!

Hélas! hélas! qu'un poëte a bien eu raison de dire qu'il ne faut jamais revoir les lieux où nous avons laissé les joies de nos belles années! Nous n'y retrouvons jamais ces charmantes réalités d'autrefois que nous caressons dans nos souvenirs. Le temps qui dévore tout, — *tempus edax rerum*, — a changé les riants tableaux qui s'étaient conservés dans notre imagination; il a détruit la saulaie, qui entendait de si douces confidences; il a transformé en arbres rabougris les charmilles où nous allions dénicher des nids de fauvette, déraciné les chênes qui abritaient notre doux *far-niente*; il a changé les hommes en vieillards, et les vieillards, — ces pauvres et bonnes gens qui nous chantaient d'une voix trem-blante les noëls du temps jadis, — il les a balayés de la surface de la terre comme les feuilles de la dernière saison... Vous allez chercher la réalité du bonheur dans l'oasis enchantée de vos rêves; vous n'y trouvez qu'un désert, et ce désert vous contemple comme un étranger qu'il ne reconnaît pas plus que vous ne le reconnaissez vous-même!

La partition de Méhul fut pour moi l'occasion d'une de ces amères déconvenues. Les chanteurs, les instrumentistes, les chœurs, tout était irréprochable, tout cela se comportait à mer-veille... Mais pas une seule tradition n'était restée debout; tous les mouvements étaient bouleversés; c'était un autre opéra sur les mêmes motifs. Ces effets de haute déclamation auxquels j'avais habitué mon oreille, et que j'avais religieusement reproduits pen-dant la courte durée de ma carrière artistique, ces magnifiques adagios que je n'ai jamais dits sans obtenir un succès de larmes, ces phrases déchirantes qui produisaient (quelques-uns s'en souviendront peut-être) une indicible émotion dans un public d'élite; toutes ces admirables inspirations, objets d'études profondes, minutieuses, et, si j'ose le dire, savamment calculées, tout cela passait pêle-mêle dans une confusion navrante, tout cela était nu, décoloré, romanesque et froid. Méhul n'était plus Méhul. Et cependant il n'y avait rien de changé... que les mouvements. Mais c'était toute la tradition !

Rentré chez moi, je me jetai sur la partition de *Joseph* (que je sais par cœur, du reste), afin de vérifier les indications de l'auteur; tout était à sa place : les artistes étaient en règle, ils avaient fait ponctuellement leur devoir...

Ou il faut qu'un chanteur possède le sentiment des mouvements qui comportent mille nuances, ou il faut qu'il ait leurs traditions exactes, mathématiquement notées au métronome.

Si vous chantez l'adagio de l'air du *Freyschütz* comme la règle toute sèche l'indique, vous lui ôtez le caractère de la prière dont il est éminemment empreint. Madame Schultz, qui l'avait exécuté en Allemagne devant Weber avant de le dire à l'Odéon, et Weber lui-même le menait avec une gravité qui s'approchait du *larghetto*. J'en ai fait l'observation au compositeur, qui me repartit :

— Il y a des chanteurs qui le pressent davantage.

C'est précisément la réponse que me fit Rossini un peu plus tard, pour l'*andantino* du duo de *la Semiramide* : « *notte terribile,* » qui s'est toujours chanté presque *largo* au théâtre, et qu'on dit à présent avec un entrain d'*andantino* qui tourne à la valse, ou peu s'en faut.

L'adagio dont il s'agit doit être un ♩... du métronome de Chevalier; rien de plus, rien de moins ; mais, de même qu'il faut bien se garder de ralentir un *allegro*, on doit éviter tout aussi soigneusement de presser un *larghetto*, afin de laisser à chaque catégorie de mouvements le caractère qui lui est propre et qui est dans ses tendances génériques. Si vous faites le contraire, vous vous laissez conduire; et vous ne conduisez pas; ce qui est le fait d'un chanteur médiocre et d'un musicien sans expérience (1).

Le maître veillera sur toute chose à ce que le mouvement, une fois déterminé, soit maintenu sévèrement pendant l'exécution, à moins d'indications exceptionnelles, et scrupuleusement conservé dans les leçons suivantes.

Passons à la phrase musicale.

Ce qu'il faut d'abord chercher dans l'exécution des mesures qui ouvrent la strophe, c'est la liaison, la tenue et l'intensité progressive des trois premières notes. Ces qualités donneront à l'instant même à cet adagio l'aspect religieux qu'il comporte et la solennité qui en est la conséquence. — Point d'autre expression; celle-là est suffisante. L'E muet qui termine le mot *voile* doit être doux; le compositeur, ou plutôt le traducteur des paroles, lui donne une importance égale à celle des notes précédentes; on remédiera facilement à cette faute en atténuant le son, sans arriver jusqu'à l'excès.

La préposition *du*, qui commence la troisième mesure, ne manifeste aucune intention : la pose du *la* doit être simple, sans affectation, et il faut que le son soit conduit sans désinence sur l'*ut*, dont l'émission devra être préparée par un léger *portamento* sur le *la* lui-même, en prononçant la syllabe *mys*, comme si on lisait :

______

(1) Il y aurait une mesure très-utile à prendre dans tous les théâtres de musique, chaque fois qu'on crée un ouvrage : ce serait de stéréotyper soigneusement, au moyen du métronome, tous les mouvements définitivement adoptés, afin d'en consacrer l'usage pour la province et pour les générations futures de chanteurs.

On pourrait étendre cette règle aux anciens opéras, en consultant des musiciens compétents qui ont un souvenir exact des mouvements autrefois adoptés.

Il y a un petit effet sur l'*ut* qui donne à la syllabe l'accentuation tendre et amoureuse qu'elle demande. Le reste du mot est sans intérêt; l'E muet, portant sur une croche, sera presque éteint.

Pour aborder la seconde période de phrase :

« En ces lieux mon amant va venir... »

ménagez le son comme s'il n'y en avait qu'un, et qu'il fallût le filer pour en porter toute la force sur la septième mesure. C'est-à-dire qu'il faut tenir chacune de ces notes et les lier entre elles, sans qu'il paraisse le moindre affaissement, malgré la respiration que vous prenez avant le mot *mon*. Comme ce pronom personnel a quelque valeur dans la phrase, il faut augmenter celle du *ré* :

Maintenant, voici l'observation essentielle du passage. Toute l'expression porte naturellement sur les mots : *va venir*. Il faut, par conséquent, leur donner une couleur très-vive : celle de la joie et de l'ivresse. Pour arriver à cet effet, sacrifiez entièrement la seconde syllabe d'*amant*, et portez toute l'importance de la mesure sur le mot *va* :

Vous donnerez à ce *va* le caractère du délire amoureux, en préparant le V, non par une simple respiration, comme je l'indique ici, mais par un soupir sonore et bref qui détimbrera jusqu'à un certain point la voyelle A. — L'aspect que prendra cet *ut* est d'une description extrêmement délicate : il faut qu'il soit énergiquement posé dans la douceur (comprenez bien cette antithèse apparente), et qu'il flotte un peu pour exprimer le frémissement de la passion. Puis, après une tenue supérieure à sa valeur mathématique, il descendra, par un *portamento* sonore et voluptueux, sur le *la*, qui sera très-court et très-vif. . .

Ces indications sont de la dernière importance; il est indispensable d'en peser tous les termes, qui, du reste, sont précis et faciles à comprendre.

Dans ces deux vers, la préparation des consonnes qui commencent les mots doit être assez sentie pour arriver jusqu'à la netteté, surtout dans le mot *voile;* mais il ne faut pas donner trop de force à leur articulation. Évitez l'emphase, mais allez jusqu'à ses limites, au delà et en deçà desquelles vous ne trouveriez pas la vérité :

Quos ultrà nec citrà nescit consistere rectum.

La pose de la voyelle O sur le *sol*, qui entame la neuvième mesure, sera légèrement expirée, c'est-à-dire précédée d'une petite déperdition d'air. Tout le caractère exoptatif de la phrase pèsera sur le D de la préposition *des;* sa préparation devra être très-marquée, et se faire entendre avant l'explosion de la consonne; il faudra en même temps attaquer vivement l'*ut* en *fortissimo*. Le son devra se soutenir dans une bonne mesure d'intensité sur les deux *si*, et même sur le *la*, qu'il ne faut point trop adoucir, et qui doit avoir toute sa valeur temporale. — Le mot *nuit* n'a point d'importance: l'N n'a pas besoin de préparation sentie; il sera seulement nécessaire de bien distinguer l'U de l'I, quoiqu'ils ne fassent ensemble qu'une même syllabe (Je ne m'appesantirai pas sur ce précepte que j'ai développé précédemment dans une circonstance identique).

Évitez de prononcer la syllabe *pai*, dans *paisible*, comme *pé;* la présence de l'A doit s'y faire sentir, mais sans affectation. Le P ne demande qu'une préparation bien nette et sans force. L'S se prononce comme Z, et il faut en éviter la strideur officielle, pour conserver au mot le calme qui est dans ses attributions essentielles.

L'E muet aura la sonorité de celui qui se rencontre dans le milieu des mots. Les deux notes *mi* et *sol*, placées sur la dernière syllabe *ble*, se porteront avec une force progressive sur l'*ut*, qui sera le point central de ce léger *rinforzando*, et qui appellera sur le mot *courrière* le degré d'attention qu'il demande. On observera les coulers, mais on n'en ajoutera pas d'autres en donnant une fausse pose à l'*ut* et en traînant le *la* sur le *fa*.

Cette recommandation m'amène tout naturellement à une digression indispensable sur les *portamenti*, ou glissers (ports de voix); leur essence, leurs tendances et leurs abus.

Le *portamento* est l'un des plus grands effets du chant; c'est celui dont l'emploi est le plus facile, et cependant le plus saisissant. Il a pour but d'adoucir la succession des intervalles mélodiques en liant les sons d'une manière plus ou moins sonore, d'énerver la pose d'une note en faisant entendre préalablement soit la quinte, soit la sixte, soit tout autre degré de l'octave inférieure. Son résultat est de répandre dans la phrase une nuance de douceur, de mollesse et d'affaissement moral qui convient à l'expression des sentiments tendres et douloureux.

Mais, par la seule raison que le *portamento* est un effet, il faut le ménager et ne l'employer qu'avec le discernement le plus délicat, dans les circonstances où il est absolument indispensable. Si vous le prodiguez sans discrétion et sans motif, vous le détruisez tout d'abord comme effet; car, du moment où vous le placez sans raison concluante, à tort et à travers, il ne produit plus aucun résultat dans les endroits où sa présence est nécessaire. Ensuite vous répandez dans le chant un caractère d'effacement général; les sons deviennent visqueux, emmiellés; ils s'empâtent et se confondent. Cet abus est le plus grand défaut qui puisse trahir l'inexpérience d'un chanteur, et pourtant c'est le plus répandu (1).

____

(1) Crescentini, dans son langage pittoresque, disait des organes atteints de ce défaut, que c'étaient « des voix de macaroni. »

Lorsque je professe, ma préoccupation continuelle est d'abolir tous les *portamenti* dont mes élèves ne manquent jamais d'émailler les phrases qu'ils chantent pour la première fois. Je ne puis ici mettre le lecteur en garde sur un vice que je ne lui entends point pratiquer. C'est à lui de s'en préserver en exécutant ponctuellement tout ce que j'indiquerai, sans rien ajouter, sans rien omettre.

[illegible]

VII.

Les quatre dernières mesures de l'adagio comportent simplement un travail de voix, un effet de vigueur, et en même temps
de mollesse mélancolique, destiné à peindre l'enthousiasme de la
douleur, le *summum* de l'anxiété amoureuse, tempérée par une
certaine nuance d'espoir, par un vague reflet du bonheur qu'ap-
porterait l'accomplissement du vœu qu'Annette exprime dans la
suprême angoisse de l'attente.

Il faut poser la première syllabe du mot *guide* sur un *mi* naturel
ample et profond; la note s'y prête heureusement, car elle est la
seconde des notes de haute sonorité des voix féminines, comme on
le sait, ou, du moins, comme mes élèves le savent. Le second *mi*,
se posant sur un *e* muet, doit être adouci, sans cependant que la
nuance du son soit altérée, c'est-à-dire sans mettre un *sotto voce* à
la place d'un *mezza voce*, deux effets essentiellement différents
l'un de l'autre. Respirez largement et très-ostensiblement après le
mot *guide*, en prenant cette aspiration avec rapidité. Vous obtenez
ainsi l'expression du soupir, et vous indiquez un point d'orgue.
Vous allez en effet donner ce caractère à la mesure suivante en
vous arrêtant sur le *fa*, quoiqu'il soit noté en double croche. Enflez
vivement le son, donnez-lui toute l'extension possible, et filez-le
sur la fin de la pose; liez-le, cela va sans dire, avec le *mi* suivant,
et descendez lentement la gamme jusqu'au *mi* inférieur, en maintenant, en exagérant même cette liaison qui exprimera l'ardeur de

la prière. Vous ferez ensuite, du *sol* de l'appoggiature, non-seulement une note véritable, mais un second point d'orgue. Vous répéterez cette note par un de ces coulers qui simulent une déperdition d'air qu'on nomme déboîtement, et dont l'invention est due à madame Damoreau, qui a doté l'art d'une foule de progrès. On ne lui en sait peut-être pas assez de gré, bien que la mémoire de son admirable talent soit l'objet de la vénération des vrais artistes et constitue un culte qu'on peut dire populaire.

Je n'ai rien à ajouter à l'accomplissement de cette période importante, si ce n'est que le *fa*, qui termine l'avant-dernière mesure, doit être émis, autant que possible, en note de poitrine, et prendre la valeur d'une blanche. Comme le morceau que nous étudions est dans les moyens d'un *mezzo soprano*, et que ce genre de voix peut aisément faire sortir cette note, ma prescription est d'une exécution facile. Cependant il est nécessaire de s'entendre ici.

Les notes de poitrine que font sonner les voix de femme doivent obtenir par le travail une nuance profonde et assombrie comme celles des basses-tailles (toutes proportions d'intensité gardées). Il est vrai que les voix de *contralto* et de *mezzo soprano* arrivent difficilement à couvrir celles des notes de poitrine qui sont les plus élevées, et que d'ailleurs ces sons-là perdent de leur solidité en s'assombrissant ; mais ils ont dans leur émission ouverte un caractère de mélancolie et d'alanguissement qui convient éminemment à l'expression de la tristesse et de la douleur. Moins le *fa* dont nous parlons sera couvert, mieux il servira la situation. Appuyez avec abandon sur la note, de manière à obtenir un léger tremblement, vous arriverez ainsi jusqu'aux dernières limites de l'angoisse et du sentiment dramatique.

Ici une ritournelle de deux mesures qu'il faudra faire suivre d'un silence beaucoup plus long que le demi-soupir qui précède le récitatif.

Il est nécessaire que l'élève soit systématiquement initié aux

mystères d'un pareil effet, et qu'il apprenne à comprendre « l'élo-
quence du silence, » comme disait un jour M. de Saint-Georges en
parlant des grands effets de la déclamation, que sa profonde habitude de la scène lui rend aussi familiers qu'au meilleur tragédien.
Les artistes dramatiques appellent cela « prendre un temps. »
Quelquefois cet effet produit une suspension d'une couleur très-
montée, comme par exemple après les mots *et* ou *mais* : « Et..
bien plus ! — Mais... si je vous disais, etc. » — C'est un moyen
dont il ne faut pas abuser, et dont l'exagération produirait une
importance ridicule. Dans cette circonstance, il est tout à fait à sa
place.

Cette période doit être exécutée dans sa valeur temporale exacte,
mais rapidement; c'est la seule observation qu'elle comporte.
Toute l'attention va se diriger sur ces paroles :

Il n'y a rien à dire sur « *mais non.* » Le second *ut*, au lieu de
rester une double croche, va supporter un *grupetto* qui se termi-
nera sur un *mi* en demi-point d'orgue. Nous sommes ici en plein
récitatif non mesuré, et cette licence est parfaitement permise.
Voici la notation de ce léger changement, dont le résultat sera d'un
haut goût déclamatoire :

(Pour la notation exacte de la mesure, il faudra donner, comme
je viens de le faire, au *la* qui la commence, la valeur d'une croche

au lieu d'une noire, afin de pouvoir placer la note intercalée de *mi* qui figure comme croche, malgré le caractère conventionnel que l'expression lui demandera.)

Toute la sonorité de la voix devra faire irruption sur la syllabe *ne*, sur le *grupetto* d'*ut*, et surtout sur le *mi* point d'orgue. Il en résultera une explosion de douleur et d'anxiété qui donneront à la situation dramatique sa véritable couleur ; car la pauvre Annette a beau parler du « bonheur qui va bientôt embellir son séjour, » elle est la proie d'une mortelle inquiétude.

Les deux dernières notes *ré* et *si* doivent être articulées sans précipitation, autrement la plainte qu'elles expriment perdrait sa noblesse et sa gravité.

Il faut bien se garder de galoper sur les cinq doubles croches qui viennent ensuite :

Prononcez tranquillement *mon cœur* ; reposez-vous un peu sur l'*a* et jetez avec l'emportement de l'impatience le mot *tressailli*, en faisant du *ré* ♮, qui est ici une noire, une double croche comme les autres. Vous produirez ainsi une interruption d'autant plus émouvante, qu'après un silence de quelques instants vous articuerez avec lenteur et presque sous la voix cette dernière période :

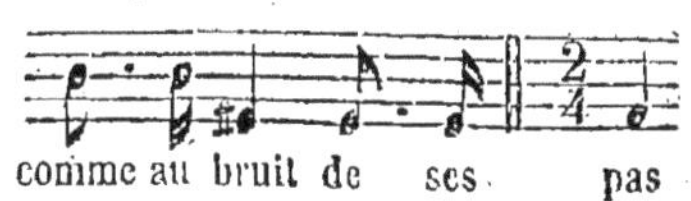

C'est le découragement et la désespérance. Le bruit de pas n'est qu'une illusion dont elle a déjà reconnu le mensonge.

Une modulation simple et noble nous ramène en *mi* naturel, dont le récitatif nous avait éloignés, comme ces réflexions qui suspendent un moment le récit, qu'on reprend ensuite au point où

on l'a laissé. Annette revient à sa prière; nous voici à la seconde
strophe, qui se dit sur le même chant que la première, mais qui
va se modifier par l'expression :

Au lieu de cette notation, substituez, pour les mesures 2 et 3,
celle-ci :

La seconde mesure reproduira ainsi la mélodie dont le traducteur
s'était écarté sans motif. Dans la 3e mesure, vous donnerez au mot
céleste l'expression de ferveur qui lui est propre par le *grupetto*
que vous placerez sur le *la*, et surtout par la vigueur que vous jet-
terez sur l'*ut*.

Il faut, comme au premier couplet, établir un *rinforzando* bien
régulier et bien senti sur les mesures 5 et 6 de cette période; mais
il y a un effet d'amoureuse exaltation à produire sur la 7e; vous
l'obtenez en modifiant ainsi la pensée de l'auteur, c'est-à-dire en
lui donnant ce développement :

Ici c'est la lettre qui tue et l'esprit qui vivifie; la passion se
donne carrière dans la sonorité pleine d'expansion du *mi*, et dans
le *si*, qui fait *portamento* entre le *la* et le *si* de la 8e mesure, avec

une liaison aussi prononcée que possible. Vous avez alors dans cette période toute l'ardeur et presque en même temps toute la langueur de l'amour, de l'amour qui s'inquiète et qui attend, qui se lamente et qui se ment à lui-même par un espoir dont il connaît l'imposture.

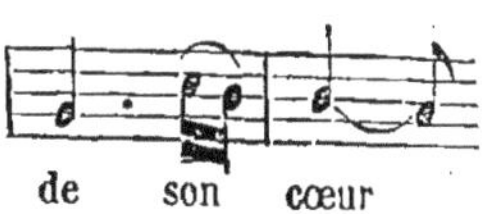

Il y a peu de chose à faire ici pour donner à cette petite période son véritable sens. Il faut seulement supprimer le point qui est devant le *sol*, faire de l'*ut* une croche pointée et le surmonter d'un accent de force; puis, dans la 10ᵉ mesure, on transformera la croche de *la* en double croche, et on la fera suivre d'un quart de soupir couronné d'un *ralentendo*, ce qui signifiera, pour le chanteur et surtout pour l'accompagnateur, un véritable *ad libitum*. La période prendra cet aspect :

Le passage suivant contient un effet saisissant qui n'est qu'indiqué par le compositeur, et qu'il faut développer au chanteur intelligent et passionné. Au lieu de la notation suivante :

Substituez celle-ci :

Les méandres de ce trait chargé d'accidents, c'est-à-dire de notes sensibles qui amollissent les générateurs de l'accord (l'arpégement), ne forment-ils pas ici l'imitation romantique et en quelque sorte palpable des replis du cœur humain, qui se dévoilent sous les regards du Créateur pour en manifester toute l'innocence?

Il est inutile de dire que ce passage demande une bonne exécution; il faut d'abord que l'émission en soit facile et correcte; il faut ensuite qu'elle soit alanguie et non retardée; car elle doit avoir le caractère du trait et prendre cependant toute l'onction, tout l'abandon de l'innocence dont il est le témoignage. Cet effet résultera des accents placés sur les sensibles et surtout sur le *sol*, qui est le point culminant, le chef de la phrase. Cette note comportera non-seulement un *forte*, mais un léger retard, afin de devenir aussi saillante qu'il est nécessaire. Les deux croches suivantes *ut* et *si* devront également être retardées. Et comme l'accompagnateur ne pourrait pas suivre convenablement ce trait en exécutant les batteries notées de la mesure, il plaquera sur le premier temps l'accord parfait de *mi* majeur, et il ne reprendra l'accompagnement qu'à la mesure suivante. Il suffira de lui donner cette indication avant de commencer l'air.

Nous voici arrivés au couronnement de cette strophe qui termine la première partie du morceau. C'est la péroraison d'une brûlante prière, c'est le dernier sanglot d'un cœur brisé; il faut aussi que ce soit le bouquet de cet admirable adágio : le compositeur, ainsi qu'il me l'a dit lui-même, ne l'a noté d'une manière aussi simple que pour laisser le champ libre à l'exécutant.

Ce que j'avance là pourrait être considéré comme une pure allégation par les partisans de la simplicité, qui retranchent leur impuissance en fait de vocalisation derrière le respect dû à la note écrite. Cette réserve, si scrupuleuse en matière de difficulté, ne rappelle-t-elle pas le *calendrier des vieillards* du bon Lafontaine et les raisins qui sont trop verts?

Mais, sans parler du témoignage de Weber, qui ne peut plus le maintenir en ma faveur, j'en appelle à tous les chanteurs qui ont l'habitude de la musique moderne, en tête de laquelle il faut placer notre compositeur (qui était un novateur, et un audacieux novateur à son époque), quel est l'artiste un peu exercé qui regarderait la formule d'un point d'orgue comme définitive et sans modification possible ? Qui ne sait que ces sortes de traits ne sont que de simples indications, précieuses il est vrai pour le *servum pecus* et dont il se contente, mais qui servent de prétextes aux vocaliseurs pour les chefs-d'œuvre de style qui ont placé si haut les Damoreau, les Sontag, les Persiani, etc., etc. ? Souvent même le compositeur, confiant dans ses interprètes, ne se borne-t-il pas au signe matériel du point d'orgue, dont il abandonne la contexture à l'imagination et au talent de l'exécutant ?

Voici le texte de Weber :

Je le dis avec le respect profond, avec l'admiration sincère que je professe pour le grand maître dont j'ai eu l'insigne honneur de serrer la main, cette phrase serait non-seulement décolorée, mais d'une platitude insupportable, si elle ne trahissait pas évidemment les préoccupations du compositeur à l'endroit de l'exécution.

Ici les ornements se présentent en foule, et nous n'avons que l'embarras du choix. Mais il faut avant tout éloigner ceux dont l'éclat pourrait dénaturer le caractère du morceau et de la situation scénique. Il est nécessaire que la modification de cette phrase ajoute à l'énergie du sentiment qu'elle exprime, et qu'elle fasse arriver la passion jusqu'au paroxysme qui doit magnétiser l'auditoire. En avant donc les effets de haute sonorité, l'impétueuse ardeur d'une voix opulente, la mollesse du *legato*, qui peint le désespoir et la supplication !

Écrivons :

Ce passage-là n'aurait pas besoin de commentaire pour une cantatrice de quelque valeur ; mais c'est une leçon que j'écris, et je
ne dois négliger aucun des détails qui seraient inutiles en toute
autre circonstance. Le *la* aigu est une note très-éclatante chez un
mezzo soprano, surtout quand il est nécessaire de la poser de plein
fouet. C'est ce qu'il nous faut ici ; nous avons à peindre l'élan d'une
douleur poignante. C'est presque un cri, mais un cri mélodieux
d'une sonorité profonde et onctueuse. Cette note devra se terminer dans une demi-intensité sur le *sol*, avec un couler très-senti.
Les triolets suivants seront liés et accentués avec ralentissement.
On comprend, sans que je le dise, tout le parti qu'un *mezzo soprano*, doué de bonnes cordes de poitrine, pourra tirer d'un *sol*
grave, en appuyant avec exaltation sur l'arpége de six notes et en
faisant sortir, avec une explosion de sensibilité, le *sol* médium du
dernier point d'orgue.

Ce feu d'artifice couronne, avec le *brio* nécessaire, la première
partie du magnifique morceau que nous étudions. Ce qui ne veut
pas dire que nous soyons arrivés à la moitié de notre tâche. Nous
l'avons dépassée de beaucoup, cette moitié, parce que nous y
avons donné une foule d'enseignements généraux que nous ne
répéterons plus. L'élève doit avoir déjà compris que la création
d'un air repose en grande partie sur les données méthodiques et
fixes qu'on retrouve partout et à chaque instant. Les nuances peu-

vent bien varier selon les sentiments qu'elles sont destinées à peindre ; mais la manière de les établir est souvent la même, et nous allons mettre en pratique, dans la seconde partie du morceau, la plupart des règles que nous avons analysées dans la première.

VIII.

« *Tout sommeille*, » est un rapprochement amer et douloureux du calme où repose la nature animée, tandis qu'Annette, seule, souffre et pleure pour son amour si justement alarmé. Il faut donc porter l'expression du passage sur le mot *tout*, et donner au *ré*, quoiqu'il ne soit qu'une double-croche, un accent de force qui le mettra vivement en lumière.

Mêmes observations pour la seconde partie de la phrase :

Le substantif personnel, Annette, est opposé ici au mot *tout*. L'accent portera également sur le *ré*.

Une petite remarque commune aux deux parties de cette phrase, c'est que les deux notes pareilles qui commencent la 2e et la 4e mesures doivent être exécutées, comme dans tout le morceau, à l'italienne ; c'est-à-dire que la première sera élevée, par appoggiature, d'un ton ou semi-ton, selon l'ordre de la gamme.

Dans le passage suivant, qui peint le calme d'une belle nuit d'été, la mélodie passe dans l'accompagnement, qui devient descriptif et qui berce adorablement la pensée au murmure des ruisseaux et à la brise qui agite doucement le feuillage. Il ne s'agit, pour seconder l'effet de l'orchestre ou du piano, que de lier le chant et le couvrir d'une teinte de douceur uniforme.

Ainsi, rien autre chose à dire pour ces deux mesures :

Quant à celles-ci :

je propose la tradition de mesdames Damoreau et Sontag :

Rien à dire pour le reste, après les observations générales et très-essentielles que j'ai faites plus haut.

Ceci est un récitatif et ne doit être dit qu'après un court moment de silence. Le premier *fa* ♯ devra être un *sol*, suivant l'usage que la tradition a consacré dans ce morceau, comme je viens de le dire.

Le compositeur, qui montre partout dans ses œuvres et surtout dans cet air (l'un de ses mieux réussis, le meilleur peut-être qui existe dans le genre romantique) sa préoccupation du style imitatif, n'aurait, certes, pas manqué de faire entendre le « brillant ramage » du rossignol, s'il n'avait pris le parti de s'en rapporter à l'exécutant; car le point d'orgue doit être conforme aux moyens dont celui-ci dispose comme voix et comme vocalisation. Lorsque j'en écris pour mes élèves, mon premier soin est de consulter leurs ressources et l'état de leur avancement. Voici celui que j'ai donné à mesdames Katinka Heinefeter, Lauters-Gueymard, Hamackers, de l'Opéra; Girard, du troisième théâtre lyrique; Smeet-Koren, du théâtre de Lyon; Clara Loveday, Nordet, etc., dont le public a jugé le talent :

En voici un autre qui convient aux voix moins élevées et qui n'exécutent pas facilement le trille :

Ces répétitions de notes aiguës, dont l'emploi a été introduit dans l'art du chant, comme je l'ai dit, par madame Damoreau, la plus habile vocaliseuse des temps modernes, s'exécutent sur la lettre A, en déboîtant chaque note comme si elle était précédée d'une H légèrement aspirée, et en les liant toutefois l'une à l'autre avec beaucoup de soin. C'est un travail délicat, mais qui n'est qu'un jeu pour une chanteuse un peu exercée.

On voit que ces points d'orgue sont d'un style tout à fait imitatif; on y retrouve les trilles du rossignol, ses sons filés avec répétition, qu'a su lui emprunter la grande cantatrice, et les *roulades,* qu'il ne fait pas mieux qu'elle.

Le succès de ce style est dans sa poésie, dans son brillant coloris et dans son absence de toute affectation. Son écueil est dans l'excès de l'imitation qui tombe dans la puérilité. — C'est ici l'occasion ou jamais de rappeler l'imperceptible distance qui sépare le sublime du ridicule; il n'y a, dit le proverbe, qu'un pas entre ces deux points extrêmes. Ce n'est point à moi de juger le résultat de mes propres combinaisons, et il est bien possible qu'elles n'aient dû leur succès qu'aux charmantes voix qui les ont exécutées. — Quoi qu'il en soit, ces ornements ne sont nullement un point de dogme. C'est leur exécution que j'enseigne et non pas une série de fioritures dont je recommande l'emploi; c'est le style imitatif dont j'essaye de donner un échantillon, et non le point d'orgue lui-même que je prescris. Je l'ai déjà varié de cinq ou six manières différentes, selon les voix que j'avais à diriger; il peut se modifier de vingt autres façons encore. Les traits sur la septième dominante sont les plus riches et les plus faciles, quant à l'invention.

La mesure suivante :

ne se prête qu'à une légère modification qui fait partie des traditions de madame Damoreau. La voici :

Précipitez les deux doubles *la* et *si,* en exagérant leur vitesse.

Nous voici encore arrivés à l'une de ces interruptions qui coupent d'une manière si naturelle et si passionnée la rêverie douloureuse d'Annette :

Cette fois, ce n'est plus une chimère : le bien-aimé s'avance; elle l'entend, elle va le voir. C'est le triomphe de l'amour; c'est aussi celui de la déclamation chantée, qui va se prêter à l'élan d'une joie délirante avec une ardeur bien autrement saisissante que ne pouvait en accuser la déclamation orale. On obtiendra ici l'effet de la surprise par le détimbrement complet de la voix sur les premières paroles : « N'est-ce point une erreur? » Cet effet, familier à tous les chanteurs qui connaissent la formation normale du timbre, a été analysé précédemment. Je renvoie ceux de mes lecteurs, auxquels ces explications paraîtraient insuffisantes, à mes *Théories complètes du chant;* ils y trouveront sur l'article important du timbre des enseignements plus détaillés.

La voix reprendra tout son éclat à la seconde mesure, et portera vivement sur la deuxième syllabe d'*entendre,* qu'il faudra noter ainsi :

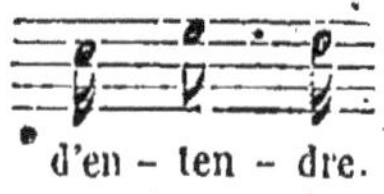

L'intensité du son se continuera sur les deux mots suivants : « Moment heureux! » La note *fa* de la 3e mesure ne devra plus être qu'une croche; car elle ne représente qu'un cri de bonheur, et il faut que ce son, comme les suivants : « C'est lui, c'est lui! » soient vivement arrêtés et entrecoupés. Pour arriver à ce résultat, l'accompagnateur ne frappera son accord qu'après le mot *entendre,* et après les premiers temps des 3e, 4e et 5e mesures :

La phrase suivante doit atteindre les dernières limites de la vé
hémence; mais il faut donner l'essor à l'extrême sonorité de la
voix, et la notation n'y suffirait pas; les croches d'un *agitato* cour-
raient trop vite.

Remplacez la 6e mesure par celle-ci :

Ne faites qu'une tenue de demi-point d'orgue sur le *sol* et le *fa;*
mais d'une extrême énergie.

Pressez encore le mouvement à la 8e et 9e mesures :

n faisant ce léger chengement :

Les mots : « O bonheur! je l'ai vu! » sont, au théâtre, une

affaire de mise en scène. Annette ouvre la fenêtre du fond, porte vivement la main droite sur son cœur, et elle étend le bras gauche sur le mur. Elle est prête à défaillir; sa voix s'éteint dans ces faibles cris :

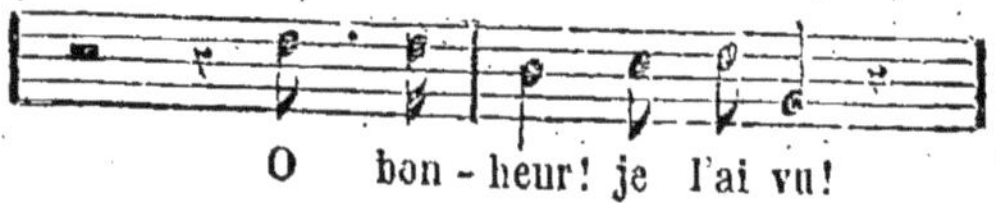

Mais cette notation comporte l'idée du chant, qui est ici un contresens dans lequel aucun artiste dramatique n'est jamais tombé. Ces mots se parlent presque :

Pour donner à la voix la nuance de la parole, bien que la note soit articulée, il faut, comme un peu plus haut, détimbrer le son et l'émettre *piano*.

Annette reprend ses sens; elle fait quelques pas pour regagner l'avant-scène, et chante le passage ci-dessus avec une voix encore défaillante. L'expression des paroles consiste à suspendre légèrement l'articulation du Ç dans le mot *cœur;* le *si* qui commence la mesure doit donc devenir une croche, accentuée même. Dans la mesure suivante, il ne faut lever le premier *si* que d'un demi-ton, car l'*ut* dièze n'est point dans la tonalité. Le passage se modifie ainsi :

Il faut également changer la valeur de chacun des trois *sols* de la mesure suivante: car c'est sur le dernier, qui (dans le texte du traducteur) n'est qu'une croche, que portera le repos, c'est-à-dire l'accent de la période. Au lieu de :

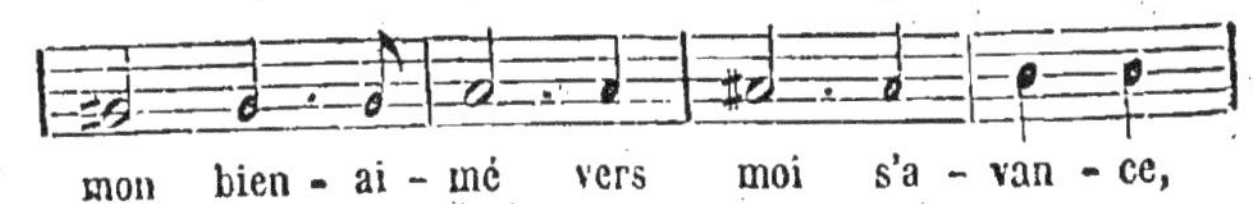

nous mettrons :

Pour donner à ce mot significatif de bien-aimé toute l'importance qu'il réclame, il faut préparer l'articulation de l'M, et la suspendre de manière à produire une sorte de formation sonore de cette lettre, qui donnera au mot son sens passionné.

Dans les mesures suivantes :

la joie d'Annette va prendre le caractère de l'enthousiasme et de l'orgueil amoureux. Le bien-aimé a bravé mille périls pour arriver jusqu'à elle; il a combattu les éléments, et l'enfer même n'a pu le retenir. Quel triomphe pour l'amour !

Il ne faut, pour exprimer tout cela, que de la sonorité, mais il en faut beaucoup : il la faut tout entière, et il est même nécessaire que l'effort de cette émission suprême soit apparent, pour dominer l'auditoire et lui communiquer l'enthousiasme de la situation.

Dans cette période, il n'y a d'autres changements à faire que de marquer une respiration après le second *mi* du point d'orgue; elle est recommandée par la grammaire, qui place la virgule entre les deux mots, et, de plus, elle est rendue indispensable par la dépense

considérable de sonorité qu'exige le premier *mi*. Quant au second
point d'orgue, comme il doit être la dernière expression du *fortissimo*, il serait difficile de terminer convenablement ce son sans
l'apaiser, ce qui serait un contre-sens dans la situation. Je con-
seille de le déverser sur le *mi* avec un énergique *portamento* :

Les trois dernières notes doivent terminer la phrase en conservant
au son toute sa vigueur; le *mi* double-croche doit être très-bref et
tomber sur la tonique *si* avec une impulsion qui donnera du relief
et du ressort à cette remarquable suspension sur la dominante du
ton de *mi* dièze majeur, suspension purement harmonique, ame-
née par appoggiature posée sur le *ré* dièze.

IX.

Abordons maintenant ce splendide *allegro vivace* qui brûle de tous les feux de l'amour satisfait, et qui forme une admirable péroraison au monologue le plus poétique, le plus imagé qu'on connaisse au théâtre.

Si, après les six impétueuses mesures de l'appel exécuté par l'orchestre, vous placez un point d'orgue sur le *sol*, cette suspension augmentera la rapidité de la phrase suivante et son effet foudroyant. Par le même motif, il sera bon que le *ré* prenne un peu plus de tenue que sa valeur nominale, et que l'accompagnement attende la chanteuse pour commencer la ravissante mélodie qui suit :

Inutile de dire qu'il faut respirer après le point d'orgue; mais cette respiration doit être courte, pour ne point diminuer l'effet des notes, qui doivent être jetées à la volée.

J'ai marqué un point d'orgue sur le *ré* et sur la demi-pose, pour rendre mon observation plus sensible, et parce qu'ici, en fait de tenue, le plus vaudra mieux que le moins. Je recommande aux cantatrices qui n'ont point en musique une expérience consommée, de prendre garde à la notation exacte des quatre dernières croches de la troisième mesure : le *fa* qui suit le *la*, et le *la* qui suit le *si* sont d'une intonation, sinon difficile, du moins vétilleuse. Les oreilles inexpérimentées égarent quelquefois la voix dans ces passages rapides. J'ai entendu souvent un *sol* à la place du *la*, et un *ut* à la place du *si*. Lorsqu'on étudie un air, j'ai déjà dit, et je ne saurais trop le répéter, qu'il faut commencer par bien assurer la note et par y accoutumer l'oreille.

Il y a dans les quatre mesures du chant suivant une petite difficulté qui tient à l'inobservation d'un système, et qui, par conséquent, mérite une attention particulière. Voici le passage :

La seconde partie de chacune des trois premières mesures contient quatre croches liées entre elles. Ce *legato*, parfaitement indiqué par le compositeur, ne peut être exécuté qu'avec un léger renforcement du timbre de la voix, et c'est ici qu'est le système, qui est identique avec celui de la gamme ascendante liée, si différente de la gamme en *staccato*. Ces deux mécanismes sont amplement expliqués dans mes *Théories du chant*, dont je ne puis reproduire ici les enseignements.

Or, les cantatrices qui chantent par la grâce de la nature, c'est-à-dire qui substituent l'instinct et l'habitude à une instruction méthodique et régulière, exécutent, je ne dirai pas la plupart, mais presque toutes, ces quatre notes en *staccato*, ou *mordant*. Alors ce passage est ridiculement dénaturé. Dans l'ouverture, c'est la clarinette qui le chante, et il faut entendre comme elle le lie avec soin, comme elle lui donne le caractère de mollesse et d'amoureuse langueur qui lui est propre! Jamais l'artiste qui tient cet instrument ne s'y est trompé; toutes les voix s'y fourvoient, au contraire. Je n'en excepte que quatre ou cinq grandes virtuoses, telles que mesdames Damoreau, Sontag, Malibran et Schultz.

Ces quatre notes doivent donc faire l'objet d'une étude toute particulière et purement mécanique dans le sens que j'indique. J'ajouterai que, dans la troisième mesure, la syllabe *le* doit être placée sur le *fa*, pour rendre le *legato* plus complet.

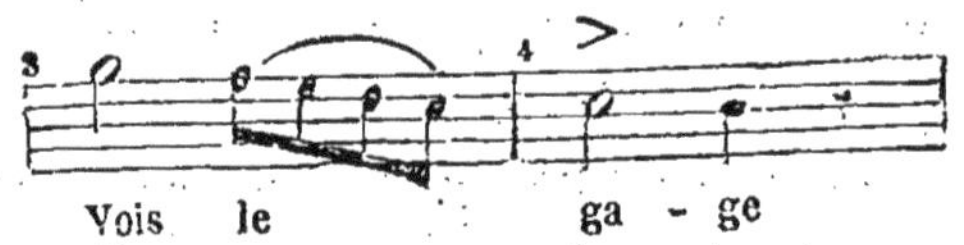

Je n'ai rien à dire sur la période suivante :

si ce n'est qu'il faut placer une respiration après le *si* de la sixième mesure.

Il en est de même pour le passage suivant :

Respirez, comme je l'indique, après le *la* de la seconde mesure; observez l'accent de force que j'ai placé sur le *fa* de la quatrième, et n'altérez pas sa valeur; mais changez celle d'*ut* (blanche) contre une simple croche, pour ne pas donner à l'*e* muet plus d'importance qu'il n'en demande.

Rien sur ces trois mesures.

Le point d'orgue est indiqué d'une manière assez évidente pour que les plus maladroits adversaires du trait soient réduits, je ne dirai pas au silence, car, en fait de points d'orgue, c'est tout ce qu'ils demandent, mais à reconnaître que le respect de la note écrite n'est qu'un masque pour l'insuffisance de leur vocalisation. Il ne s'agit ici que d'un trait sur l'accord de sixte-quarte, qui ne peut s'établir que sur les notes génératrices *mi* et *sol*, pour retomber sur la septième diminuée :

ou, si la voix de la cantatrice est un franc *mezzo soprano* :

Ces phrases ne sont qu'une affaire de vocalisation : le rôle du maître se réduit à peu de chose. — Dans la période suivante :

il ne faut qu'un *forte* bien accentué sur les deux *mi* dièses de la seconde mesure.

Même observation pour la seconde période de cette phrase :

A part ces deux accents, il ne faut rien changer.

Placez, comme je le fais, un *forte* sur le *ré* de la première mesure; mettez-y non-seulement de la force et de l'ardeur, mais de la passion; car toute l'espérance d'Annette est dans le courage et dans l'adresse de son amant. Il est inutile de dire qu'il faut déboîter nettement le *ré*, pour le mettre vivement en lumière. Dans la deuxième mesure, le premier *si* deviendra un *ut*.

La seconde portion de la phrase est la contre-partie de la première :

Je me borne également à transcrire les quatre mesures ci-après :

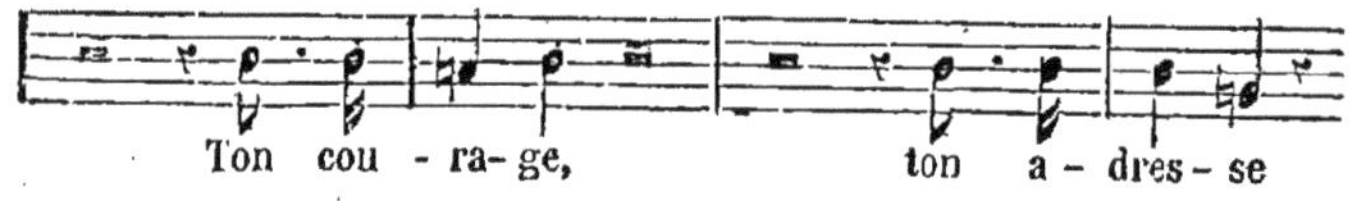

Observez simplement le temps fort de chaque mesure.

X.

Nous arrivons à l'une de ces antithèses que le grand maître a semées si poétiquement dans son air. Annette dit que le courage et l'adresse de son amant rassurent son cœur; mais elle est loin d'éprouver la sécurité dont elle affecte le langage.

Cette morne période mélodique n'exprime que l'abattement et forme un contre-sens flagrant avec les paroles. Développons cette émouvante pensée, et montrons que la vocalisation se prête merveilleusement à ces sortes d'effets.

Le trait s'élève avec l'abandon de la sécurité, puis retombe, avec la mollesse qui caractérise le découragement, sur une note qui ne

(1) Je sais fort bien que le *ré* dièse placé ici peut être sujet à conteste; car il est évident que le compositeur n'a voulu l'introduire dans son accord que plus tard et pour le dénaturer.

Néanmoins, je maintiens ce trait, dont l'expression a paru saisissante; il se rattache naturellement à la modification qui va suivre, et son introduction dès ce moment peut y être faite, non-seulement sans danger, mais avec succès.

Je ne crois pas nécessaire d'entrer dans des explications plus techniques pour démontrer ce que j'avance.

se trouve pas dans l'accord. C'est le vague et l'incertitude de l'appréhension, c'est tout le contraire de ce qu'expriment les paroles.

Mais l'espérance et l'enivrement de la joie reprennent le dessus.

La voix se pose sur le *sol* avec un redoublement de sonorité ; les quatre noires de la deuxième mesure doivent être d'une émission franche, mais sans trop de force. Il faudra placer le point d'orgue sur l'*ut* ♮, car c'est la note saillante de la phrase ; l'*ut* ♯ n'est qu'un *e* muet, et la syllabe *ge* est faible dans le mot *présage*. Ceci n'est qu'une bévue du traducteur. (J'en demande pardon à la mémoire de mon bon vieil ami Castil-Blaze, dont personne plus que moi n'apprécie le prodigieux talent et les utiles travaux.) — J'ajouterai qu'il faut porter l'*ut* ♮ sur l'*u t* ♯ avec un couler très-senti et un déboîtement très-articulé. Voici le passage ainsi modifié :

La phrase suivante :

est dans les mêmes conditions que la première ; il faut en développer l'expression et placer sur le *fa* de la quatrième mesure un cri de triomphe où le *brio* de l'exécution remplira toute la pensée du compositeur :

La mélodie de l'*allegro* revient ici :

Comme elle ne contient aucun changement, je ne puis que renvoyer mes lecteurs aux observations qu'elle m'a suggérées plus haut. Mais cette phrase se s'arrête pas comme la première fois sur un appel ; elle se repose ici sur la tonique, c'est-à-dire qu'elle se termine.

Il n'y a que ce seul changement à faire :

On fait ainsi disparaître la sécheresse de cette terminaison.

Ce qui suit est la brillante péroraison du chef-d'œuvre. Le compositeur, en donnant carrière à la fougue de son imagination, met le comble à l'exaltation d'Annette. C'est une lave qui roule et qui n'a rien à voir avec les habitudes ou les ressources de la vocalisation. Il faut laisser cette *stretta* telle qu'elle est tombée dans le moule, en observant de marquer des accents de vigueur sur les temps forts.

Les dernières mesures seules peuvent emprunter à l'art de la vocale un surcroît d'énergie. Il suffira de les noter ici avec ces modifications pour indiquer à la cantatrce tout le parti qu'elle peut en tirer. — Au lieu de :

Écrivez:

c'est-à-dire placez un trille vigoureux et bien battu sur le *mi*; mettez un soupir au premier temps de la troisième mesure, afin de raccourcir la tâche à laquelle doit suffire la respiration qui produira le trille et pour donner à la voix les moyens d'exécuter avec une ampleur soutenue ce reste de période :

car la voix calcule instinctivement ses ressources pour exécuter ce qui lui est demandé dans la portée d'une respiration, et elle départage ses moyens pour y suffire.

Il faut une haleine exceptionnelle pour la période finale. Je n'ai donné au *sol* de la quatrième mesure qu'une valeur de noire, afin de procurer à la cantatrice le temps de bien remplir ses poumons pour fournir la carrière de cette fusée vocale :

Et, maintenant que je viens d'accomplir une tâche qu'aucun autre théoricien-chanteur n'avait tentée avant moi, c'est à mes lecteurs de décider si ce travail, difficile et tout au moins curieux, a touché le but que je me proposais. Il est bien entendu que la réponse ne pourra m'être faite que par les lecteurs qui auront bien voulu relire chaque passage et l'étudier avec la patience et la persévérance que demande une pareille lecture.

Je sais que j'aurai pour antagonistes les amateurs *quand même* de la simplicité en matière de vocalisation, et les dévots prosélytes du respect dû à la note écrite. Je n'ai pas la prétention de mettre ces dignes amateurs d'accord avec les vocaliseurs de la nouvelle école, qui ont bien aussi leurs petits défauts.

« *On ne peut contenter tout le monde et son père,* » comme disait le meunier du bon La Fontaine. Il n'est possible de plaire aux uns qu'à la condition inévitable de déplaire aux autres. *Tot homines quot sensus.* J'ai dit ingénument quelles avaient été mes relations avec Weber, qui a vivement approuvé les études que je viens de donner. J'ajouterai que ma carrière artistique a été la preuve du respect que je professe pour la nuance et pour la simplicité du style, que je considère avec raison comme beaucoup plus difficile que toutes les cascades de la plus brillante vocalisation. Et j'ai le droit de faire ce classement, car les anciens de la musique se souviennent des variations que Paër avait composées pour moi avec l'accompagnement le plus bizarre qu'il soit possible d'imaginer (la trompette d'harmonie du fameux David Bulh, qui faisait des prodiges sur cet instrument) ; ils n'ont pas oublié non plus le duo que l'illustre violoniste Lafont avait arrangé pour son violon et pour ma voix de basse profonde, sur le sextuor de *la Cenerentola.*

Or, avant d'être chanteur de concert et de musique italienne, la seule qu'on exécutât à cette époque (1826 à 1832), j'étais un récitant à la chapelle-musique des Tuileries, où l'émission large et simple était seule acceptable. J'ai créé, avec la portion *ténorisante* de ma voix, quelques-unes des plus tendres romances de Romagnesi, Panseron et Pauline Duchambge, qui sont devenues populaires ; enfin, j'ai dû mes succès les plus chers à l'air de *Joseph,* que j'ai chanté deux mille fois, *transposé d'une quinte !*

Si j'entre, contre ma coutume, dans des détails qui me sont personnels, c'est pour établir mon droit de juger avec la plus stricte impartialité l'occasion d'observer la simplicité d'une mélodie, ou de l'orner quand il le faut. Il doit être permis à celui qui a quitté la carrière dans tout l'éclat de son organe et avant l'âge de trente ans, à celui qui a donné la plus incontestable preuve de modestie en se condamnant depuis vingt-cinq ans au silence pour écouter les autres, il doit lui être permis de parler un instant de lui pour établir en général la loyale neutralité de ses jugements en fait de doubles croches, et, en particulier, son opinion sur le morceau que je viens d'analyser.

Au reste, quel que soit l'avenir réservé à ce travail pénible et minutieux, je ne regretterai pas de l'avoir entrepris et courageusement poussé jusqu'au bout ; car il sera le premier essai d'un genre d'études qui, mieux élaborées par les grands maîtres de notre temps, pourraient devenir l'expression des différentes écoles, doter l'enseignement de la vocale d'un progrès immense, et lui préparer de précieuses ressources inconnues jusqu'à présent.

PARIS. — IMPRIMERIE A. BOURDILLIAT, 15, RUE BRÉDA